# 四年生に習う漢字

**202字**

「茨」と書いてもよい。

筆順 1 — 2 — 3 — 4 — 5 — まちがえやすいところ…

| 漢字 | 愛 | 案 | 以 | 衣 | 位 | 茨 | 印 | 英 | 栄 | 媛 | 塩 | 岡 |
|---|---|---|---|---|---|---|---|---|---|---|---|---|
| 読み方 | アイ | アン | イ | ころも・イ | くらい・イ | いばら | しるし・イン | エイ | さかえる・エイ・(は)える | (エン) | しお・エン | おか |
| 画数・部首 | 13画 心 | 10画 木 | 5画 人 | 6画 衣 | 7画 イ | 9画 艹 | 6画 卩 | 8画 艹 | 9画 木 | 12画 女 | 13画 土 | 8画 山 |
| 言葉 | 愛・愛着・愛用 | 案内・答案・案 | 以下・以外・以上 | 衣・衣服・白衣 | 位・順位・十の位 | 茨城県の道 | 印・印象・目印 | 英会話・英語 | 栄える・栄養・町が栄える | 愛媛県 | 塩・食塩・塩水 | 岡山県・静岡県 |

練習

① 花を 愛 する。（　　　）

② 愛 媛 県のみかん。（　　　）

③ 国王の 位 につく。（　　　）

④ 十 以 上 の人。（　　　）

⑤ 名 案 がうかぶ。（　　　）

⑥ 衣 服 をあらう。（　　　）

⑦ 国が長く 栄 える。（　　　）

⑧ 一 位 でゴールする。（　　　）

⑨ 愛 犬 のさんぽをする。（　　　）

⑩ 町を 案 内 する。（　　　）

⑪ 茨 の道を歩む。（　　　）

⑫ 英 語 で話す。（　　　）

⑬ 海水は 塩 からい。（　　　）

⑭ 印 をつける。（　　　）

⑮ 栄 ようをとる。（　　　）

⑯ 塩 気 が強い。（　　　）

⑰ 父は 岡 山 県の出身だ。（　　　）

⑱ 福 岡 県の人口。（　　　）

⑲ 印 しょうにのこる。（　　　）

⑳ 食 塩 を使う。（　　　）

9784581041645

# きほん

## 書いてたしかめよう

月　　日

/100点
1もん5点
10分

① 花を　□　する。（お・こ）

② □□県のみかん。（え・ひめ）

③ 国王の　□□。（へ・や）

④ 十□の人。（に・ん）

⑤ □□の ぶんか。（こ・く・み・ん）

⑥ □を あらう。（に・わ）

⑦ 国が　□□へ　つたえる。（か・え）

⑧ □□でプールする。（に・っ・こ）

⑨ お□□のように　歩く。（あ・に・け）

⑩ 町を　□□する。（あ・ん・な・い）

⑪ □の道を歩む。（い・ば・ら）

⑫ □□で話す。（え・い・ご）

⑬ 海水は　しおからい。□から（し・お）

⑭ □を　つける。（し・る・し）

⑮ とくいに　□□。（え）

⑯ □が強い。（し・お・け）

⑰ 父は　□□県の出身だ。（お・か・や・ま）

⑱ □□県の人口。（ぶ・ん・お・か）

⑲ □に　してもいい。（し・に）

⑳ □□を使う。（し・ょ・う・て・ん）

# まとめテスト ①

**1** ——の漢字の読みがなを書きましょう。　1つ6〔24点〕

(1) 町が栄える。　（　　　）

(2) 海水から塩を作る。　（　　　）

(3) 本を印さつする。　（　　　）

(4) 愛媛県の温せん。　（　　　）

**2** □に当てはまる漢字を書きましょう。　1つ7〔28点〕

(1) 高い□□〔ち い〕にのぼる。

(2) 三分□□〔い な〕で話す。

(3) テストの□□〔とう あん〕。

(4) 十の□〔くらい〕の数。

**3** 次の画数の漢字を□からえらび、□に書きましょう。　1つ6〔48点〕

(1) 6画　□　□

(2) 8画　□　□

(3) 9画　□　□

(4) 13画　□　□

| 愛 | 英 | 衣 | 岡 | 茨 | 印 | 栄 | 塩 |

答えは81ページ

| 漢字 | 読み方 | 画数・部首・筆順・言葉 | 練習 |
|---|---|---|---|
| 各 | （おのおの）カク | 6画　口　各・各自・各国・各地 | |
| 街 | まち・ガイ・（カイ） | 12画　行　市街地・商店街・街角・街路樹 | |
| 害 | ガイ | 10画　宀　公害・害虫・自然災害 | |
| 械 | カイ | 11画　木　機械・器械 | |
| 改 | あらためる・あらたまる・カイ | 7画　攵　改正・改行・改良・改札・改める | |
| 賀 | ガ | 12画　貝　祝賀会・賀正・年賀状 | |
| 芽 | め・ガ | 8画　艹　発芽・新芽・芽生え | |
| 課 | カ | 15画　言　課題・課長・日課・放課後 | |
| 貨 | カ | 11画　貝　貨物・貨車・金貨・通貨 | |
| 果 | はたす・はてる・はて・カ | 8画　木　果実・結果・果物・果たす | |
| 加 | くわえる・くわわる・カ | 5画　力　参加・加工・加入・加える | |
| 億 | オク | 15画　亻　一億円・億万長者 | |

# 読んでみましょう

1つ5点　/100点　10分

① やくそくを果たす。

② 億万長者になる話。

③ たい度を改める。

④ 注文を追加する。

⑤ なかまに加える。

⑥ たねが発芽する。

⑦ 果てしないうちゅう。

⑧ 商店街を歩く。

⑨ 決まりを改正する。

⑩ 各駅に止まる電車。

⑪ 一億人が住む国。

⑫ 害虫をたいじする。

⑬ 木の芽が出る。

⑭ 放課後に集まる。

⑮ 学生の街。

⑯ じゅくした果実。

⑰ 大きな機械。

⑱ 年賀じょうを出す。

⑲ 新入生が加わる。

⑳ 大きな貨物船。

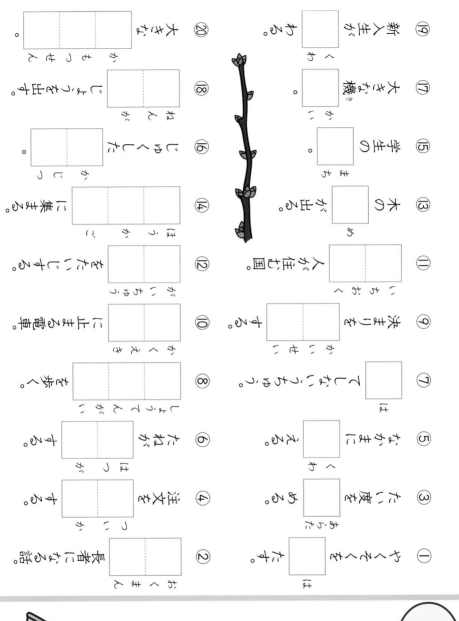

きほん

書いてみよう

月　　日

/100点

/175点

10分

① やくそくを □（は）たす。

③ □（　）を何度もおためす。

⑤ □（　）にたとえる。

⑦ □（は）なかまに教える。

⑨ 決心を □（　）にする。

⑪ □（おう）□を□す。

⑬ 木の □（め）が出る。

⑮ 大学生の □（き）が出る。

⑰ 大きな機□（かい）。

⑲ 新入生が □（わ）る。

② □（おお／もの）長者になる話。

④ 注文を □（ちゅう／もん）する。

⑥ たねが □（は）じける。

⑧ □（し／ぜん）を歩く。

⑩ □（かく／えき）に止まる電車。

⑫ □（かく）をたしかにする。

⑭ □（ほう／こう）に集まる。

⑯ □（じゅう／しん）に集まる。

⑱ □（じん／ねん）が出ます。

⑳ 大きな □（かん／せつ）。

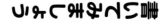

**1** ──の漢字の読みがなを書きましょう。　1つ6〔24点〕

(1) 話に加わる。　（　　　　）

(2) 金貨を手にする。　（　　　　）

(3) 加工品を買う。　（　　　　）

(4) 全国各地を旅する。　（　　　　）

**2** □に当てはまる漢字を書きましょう。　1つ7〔28点〕

(1) 木がくち□（は）てる。

(2) 春に□（め）が出る。

(3) 年があら□（た）まる。

(4) □□（おくまん）長者

**3** 意味を考えて、次の読み方の漢字を□に書きましょう。　1つ6〔48点〕

(1) カ
① 勉強の成□（せき）。
② 夏休みの□題。

(2) カイ
① 文を□行する。（カ）
② □（キ）体そう？

(3) ガ
① 祝□会を開く。
② 朝顔の発□。

(4) ガイ
① 公□をうせぐ。
② 商店□。

答えは81ページ

| 漢字 | 旗 | 季 | 希 | 岐 | 願 | 観 | 関 | 管 | 官 | 完 | 潟 | 覚 |
|---|---|---|---|---|---|---|---|---|---|---|---|---|
| 読み方 | キ／はた | キ | キ | （キ） | ガン／ねがう | カン／みる | カン／せき・かかわる | カン／くだ | カン | カン | かた | カク／おぼえる・さめる・さます |
| 画数・部首・筆順・言葉 | 14画／方／国旗・旗・旗をふる | 8画／子／季節・四季 | 7画／巾／希少・希望 | 7画／山／岐阜県 | 19画／頁／願望・願い | 18画／見／観客・観光 | 14画／門／関所・関わり | 14画／竹／管理・血管・管 | 8画／宀／長官 | 7画／宀／完成・完全 | 15画／氵／新潟県・干潟 | 12画／見／感覚・目が覚める・覚える |
| 練習 | | | | | | | | | | | | |

漢字…まちがえやすい漢字

筆順 1 — 2 — 3 — 4 — 5 —

まちがえやすいところ…

読んでみましょう

月　日

① 漢字を覚（　　）える。

② 国旗（　　）をかける。

③ 朝早く目を覚（　　）ます。

④ 完全（　　）に火を消す。

⑤ 新潟（　　）県の米。

⑥ 商品を管理（　　）する。

⑦ 全身をめぐる血管（　　）。

⑧ 観光（　　）バスに乗る。

⑨ 希（　　）ぼうどおりになる。

⑩ 昔の関所（　　）あと。

⑪ 無事を願（　　）う。

⑫ 外交官（　　）を目指す。

⑬ 願（　　）ぼうがかなう。

⑭ 絵に関心（　　）をもつ。

⑮ 季（　　）せつがめぐる。

⑯ 岐（　　）ふ県の山に登る。

⑰ ゴムの管（　　）を使う。

⑱ 植物に関（　　）わる書物。

⑲ 日本の旗（　　）をあげる。

⑳ 感覚（　　）がまひする。

# 書いてみよう

きほん

10分

135点 ／100点

月　日

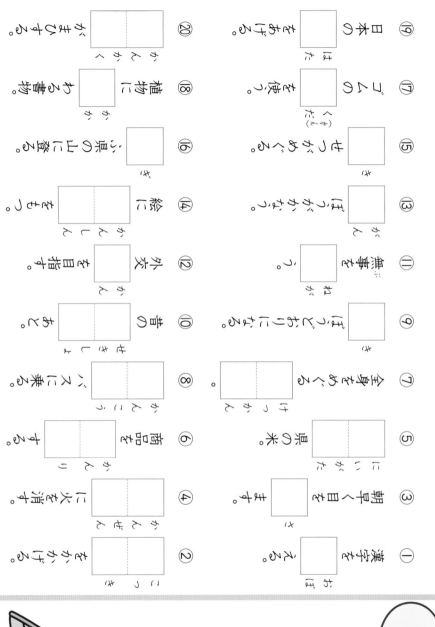

① 漢字を □ える。（おぼ）

③ 朝早く目を □ ます。（さ）

⑤ □ 県の米。（にいがた）

⑦ 全身を □ ける。（かん）

⑨ □ をならべる。（き）

⑪ □ を無事にかさねる。（かさ・ね）

⑬ □ が無事になる。（き・ほん）

⑮ □ せんがくべる。（き）

⑰ ゴムの □ を使う。（へ・だん）

⑲ 日本の □ をたすける。（は・た）

② □ に火を消す。（き・ん・し）

④ □ に火を消す。（ま・ん・ぜ・ん）

⑥ 商品を □ る。（か・り）

⑧ □ にバスに乗る。（か・ん・こ・う）

⑩ 昔の □ もん。（せ・い・き）

⑫ 外交 □ を目指す。（か・ん）

⑭ 絵に □ をつける。（し・き・ん）

⑯ □ しん県の山に登る。（き）

⑱ 植物に □ かかわる書物。（か・ん）

⑳ □ がひらきます。（か・ん・ぺ・き）

# はってん

## まとめテスト ③

月　日

10分

/100点

**1** ——の漢字の読みがなを書きましょう。　1つ6〔24点〕

(1) 水道 管 のそうじ。（　　　）

(2) レースを 完 走 する。（　　　）

(3) ね 願 がかなう。（　　　）

(4) 行進の 旗 手。（　　　）

**2** □に当てはまる漢字を書きましょう。　1つ7〔28点〕

(1) 試合の [かんせん]　。

(2) ねむりから [き] める。

(3) [ぎ] ふ県の山。

(4) [きしょう] がちがう。

**3** 形に気をつけて、□に当てはまる漢字を書きましょう。　1つ6〔48点〕

(1)
- けこうして①[かん]。
- 広い②[きゅう]でん。

(2)
- 強そうな①[せき]取り。
- ②[かい]店の時こく。

(3)
- 日本の四①[き]。
- 学級②[い]員。

(4)
- ①[ゆ]をわかす。
- 新②[がた]県

13—漢字4年

答えは81ページ

筆順　1—　2—　3—　4—　5—　まちがえやすいところ…

…まちがえやすい漢字

| 漢字（ちがえやすい漢字） | 読み方（まちがえやすいところ） | 画数・部首・筆順・言葉 | 練習 |
|---|---|---|---|
| 競 | キョウ・ケイ／（きそ）う・（せ）る | 20画　立　競競競競競競　競争・競馬 | |
| 鏡 | キョウ・かがみ | 19画　金　鏡鏡鏡鏡　望遠鏡・手鏡 | |
| 協 | キョウ | 8画　十　協協協協協　協議・協力 | |
| 共 | キョウ・（とも） | 6画　八　共共共共　共通・共働き | |
| 漁 | ギョ・リョウ | 14画　氵　漁漁漁漁　漁業・漁師 | |
| 挙 | キョ・（あ）げる・（あ）がる | 10画　手　挙挙挙挙　選挙・手を挙げる | |
| 給 | キュウ | 12画　糸　給給給給　給食・配給 | |
| 泣 | キュウ・（な）く | 8画　氵　泣泣泣泣　泣き顔・泣き声 | |
| 求 | キュウ・（もと）める | 7画　水　求求求求　要求・追い求める | |
| 議 | ギ | 20画　言　議議議議　議長・不思議 | |
| 機 | キ・（はた） | 16画　木　機機機機　機会・飛行機 | |
| 器 | キ・（うつわ） | 15画　口　器器器器　楽器・器用 | |

きほん

# 読んでみよう

月　日

10分

1つ5点

/100点

① 体内の消化 <u>器官</u>。（　　　）

② じっと <u>機会</u> を待つ。（　　　）

③ <u>要求</u> にこたえる。（　　　）

④ <u>会議</u> を開く。（　　　）

⑤ 赤ちゃんが <u>泣</u> く。（　　　）

⑥ <u>給食</u> 当番になる。（　　　）

⑦ 助けを <u>求</u> める。（　　　）

⑧ 小さな <u>漁村</u> に着く。（　　　）

⑨ せん <u>挙</u> 活動。（　　　）

⑩ みんなで <u>協力</u> する。（　　　）

⑪ 行動を <u>共</u> にする。（　　　）

⑫ 徒 <u>競走</u> に出る。（　　　）

⑬ けっこん式を <u>挙</u> げる。（　　　）

⑭ いわしが <u>大漁</u> だ。（　　　）

⑮ ぼう <u>遠鏡</u> を買う。（　　　）

⑯ <u>共通語</u> で話す。（　　　）

⑰ はん人が <u>挙</u> がる。（　　　）

⑱ <u>競馬</u> を見る。（　　　）

⑲ <u>鏡</u> にすがたをうつす。（　　　）

⑳ <u>食器</u> をあらう。（　　　）

15 ─漢字4年

# 書いてみよう

月　　日

10分　125点　/100点

① 体内の消化 ［き　かん］。

② ［かい・じかん］を待つ。

③ 要 ［きゅう］ にこたえる。

④ ［かい・てん］ を開く。

⑤ 赤ちゃんが ［な］ にだえる。

⑥ ［きゅう・しょく・とうばん］ になる。

⑦ 助けを ［もとめ］ る。へ。

⑧ か ［な］ しい気もち。

⑨ せん ［きょ］ 活動。

⑩ ［せい・じ・けん］ に着く。する。

⑪ 行動を ［とも］ にする。

⑫ 徒 ［きょう・そう］ に出る。

⑬ けっこん式を ［あ］ げる。

⑭ い ［た・こ・じょう・だ］。

⑮ ぼう ［えん・きょう］ を買う。

⑯ ［けい・じょう・い・い］ で話す。

⑰ はんにんが ［お］ がる。

⑱ ［は・け・は］ を見る。

⑲ ［か・が・み］ にがてです。

⑳ ［し・ょ・は］ をうむ。

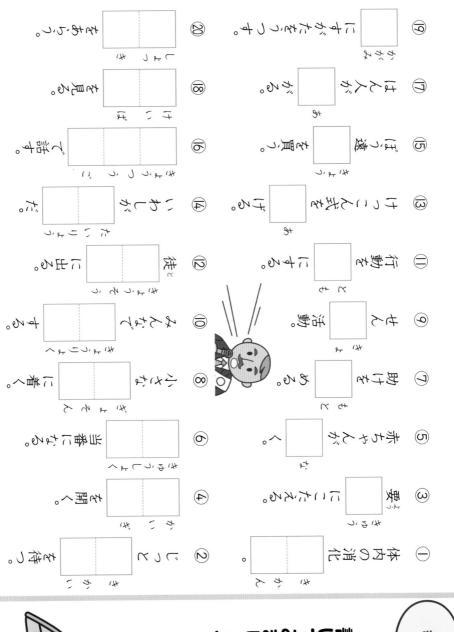

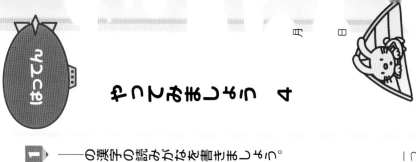

# かくにんテスト 4

月　日

10分

/100点

**1** ──の漢字の読みがなを書きましょう。 1つ6〔24点〕

(1) 挙手 して答える。（　　　　）

(2) 礼に文を挙げる。（　　　　）

(3) 泣いた赤おに。（　　　　）

(4) 国会議員になる。（　　　　）

**2** □に当てはまる漢字を書きましょう。 1つ7〔28点〕

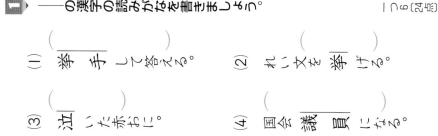

(1) きょうきょう ［　　　］をこばむ。

(2) て　がみ ［　　　］を持つ。

(3) 海く りょう ［　　］に出る。

(4) とも ［　　］にまきつける。

**3** 意味を考えて、次の読み方の漢字を□に書きましょう。 1つ6〔48点〕

(1) キ
- ① 飛行［　］
- ② 機体［　］そう

(2) キュウ
- ① 理想の追［　］。
- ② 食当番［　］

(3) キョウ
- ① 公［　］のしせつ。
- ② 調［　］せい
- ③ ［　］遠（ぼう）
- ④ ［　］泳の大会。

答えは81ページ

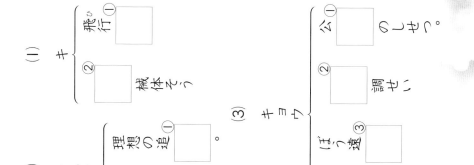

| 漢字 | 建 | 結 | 欠 | 芸 | 景 | 径 | 群 | 郡 | 軍 | 訓 | 熊 | 極 |
|---|---|---|---|---|---|---|---|---|---|---|---|---|
| 読み方 まちがえやすいところ…… | たてる・たつ・(ケン)・(コン) | むすぶ・(ゆう)・(ゆわえる)・ケツ | かける・かく・ケツ | ゲイ | ケイ | ケイ | むれ・むれる・(むら)・グン | グン | グン | クン | くま | きわめる・きわまる・(きわみ)・キョク・(ゴク) |
| 画数 部首 筆順 言葉 | 9画　廴 | 12画　糸 | 4画　欠 | 7画　艹 | 12画　日 | 8画　彳 | 13画　羊 | 10画　阝 | 9画　車 | 10画　言 | 14画　灬 | 12画　木 |
| 練習 | | | | | | | | | | | | |

# 読んでみましょう

月　日

1つ5点

／100点

10分

① 漢字の音読みと訓読み。（　）（　）

② 昔の軍歌をきく。（　）

③ 南極のペンギン。（　）

④ 郡部に住んでいる。（　）

⑤ 福引きの景品。（　）

⑥ 円の直径をはかる。（　）

⑦ ありが群がる。（　）

⑧ 熊本県のトマト。（　）

⑨ 努力を欠かさない。（　）

⑩ 美しい風景。（　）

⑪ 道路を建せつする。（　）

⑫ 自分の欠点を知る。（　）

⑬ 柱にひもを結ぶ。（　）

⑭ 群馬県にある温せん。（　）

⑮ 月が半分欠ける。（　）

⑯ 高いビルを建てる。（　）

⑰ マンションが建つ。（　）

⑱ テストの結果。（　）

⑲ 羊が群れる。（　）

⑳ 学芸会を行う。（　）

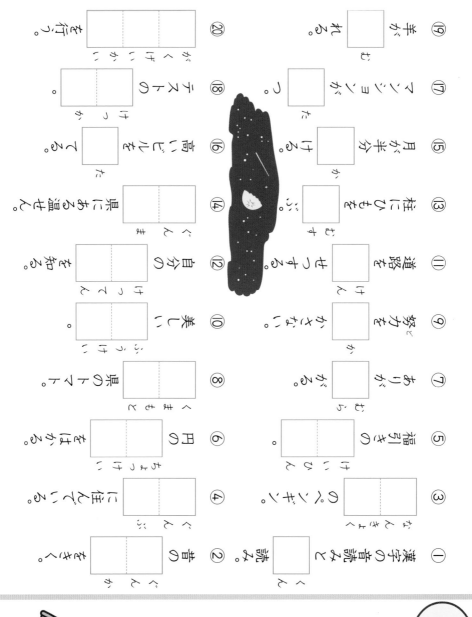

きほん

# 書いてみよう

月　　日

/100点

1つ5点

10分

① 漢字の音読（おんよ）みと□□（くんよ）読み。

② 昔（むかし）の□□（でんき）を□（つた）える。

③ □□（なてん）のペンギン。

④ □□（くん）の住（す）んでいる。

⑤ 福引（ふくび）きの□□（ひとけん）。

⑥ 円（えん）の□□（ちょうけい）をはかる。

⑦ □□（むだ）があらわれる。

⑧ □□（へいきん）の県（けん）のベスト。

⑨ 努（ど）力（りょく）を□□（かさ）ねる。

⑩ 美（うつく）しい□□（ぶけん）のコップ。

⑪ 道路（どうろ）を□□（けんせつ）する。

⑫ □□（むす）びつける。

⑬ 柱（はしら）にひもを□□（むす）びつける。

⑭

⑮ 月（つき）が半分（はんぶん）□（か）ける。

⑯ 高（たか）いビルを□□（た）てる。

⑰ マンション□□（がた）つ。

⑱ テストの□□（けっか）。

⑲ 羊（ひつじ）が□（む）れる。

⑳ □□□（ぎょうけつ）を行（おこな）う。

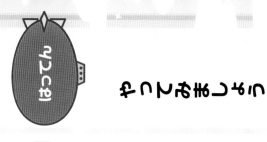

# しあげテスト ⑤

月　日

10分

／100点

**1** ──の漢字の読みがなを書きましょう。　1つ6〔24点〕

（1）　（　　　　　）
ひなん訓練

（2）　（　　　　　）
園芸植物

（3）　（　　　　　）
いわしの大群。

（4）　（　　　　　）
北極に向かう。

**2** □に当てはまる漢字を書きましょう。　1つ7〔28点〕

（1）決め手を〔か〕□く。

（2）新しいビルが〔た〕□つ。

（3）野生の〔くま〕□。

（4）リボンを〔むす〕□ぶ。

**3** 意味を考えて、次の読み方の漢字を□に書きましょう。　1つ6〔48点〕

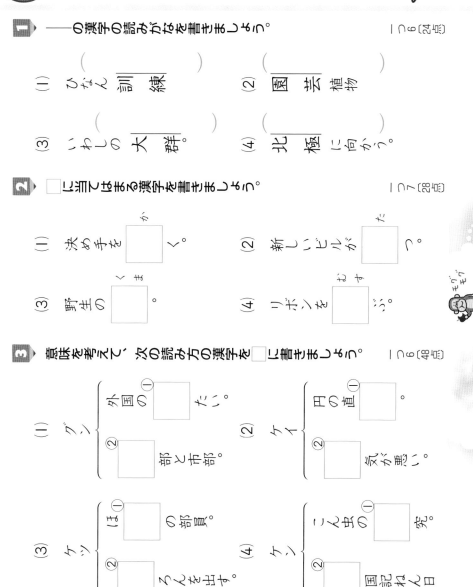

（1）ガイ
① 外国の□〔た〕。
② □部と市部。

（2）ケイ
① 円の直□。
② □気が悪い。

（3）ケン
① □〔ほ〕の部員。
② □ろんを出す。

（4）ケン
① こん虫の□究。
② 国記ねん□日

答えは81ページ

| 漢字 | 最 | 菜 | 差 | 佐 | 康 | 候 | 香 | 好 | 功 | 固 | 験 | 健 |
|---|---|---|---|---|---|---|---|---|---|---|---|---|
| 読み方 | サイ もっとも | サイ な | サ さす | サ | コウ | コウ (そうろう) | コウ・(キョウ) か・かおり・かおる | コウ この(む)・す(く) | コウ・(ク) | コ かた(める)・かた(まる)・かた(い) | ケン・(ゲン) | ケン すこ(やか) |
| 画数・部首・筆順・言葉 | 12画 曰 | 11画 艹 | 10画 工 | 7画 イ | 11画 广 | 10画 イ | 9画 香 | 6画 女 | 5画 力 | 8画 囗 | 18画 馬 | 11画 イ |

筆順 1 — 2 — 3 — 4 — 5 — まちがえやすいところ…

練習

まちがえやすい漢字…

# 読んでみましょう

① 作せんが成功する。（　　）

② ばらの花が香る。（　　）

③ あまいおかしを好む。（　　）

④ たなを固定する。（　　）

⑤ 香川県のうどん。（　　）

⑥ 天候がよくなる。（　　）

⑦ 大きぼな実験。（　　）

⑧ 健康に気をつける。（　　）

⑨ 口が固い人。（　　）

⑩ 好物のケーキ。（　　）

⑪ 読書が好きな人。（　　）

⑫ 野菜をいためる。（　　）

⑬ 手を差し出す。（　　）

⑭ 列の最後にならぶ。（　　）

⑮ 菜の花がさく。（　　）

⑯ 石けんの香り。（　　）

⑰ 決心を固める。（　　）

⑱ 佐賀県出身の人。（　　）

⑲ 一年で最も昼が長い日。（　　）

⑳ 交差点で曲がる。（　　）

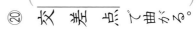

き本ん

# 書いてみよう

月　日

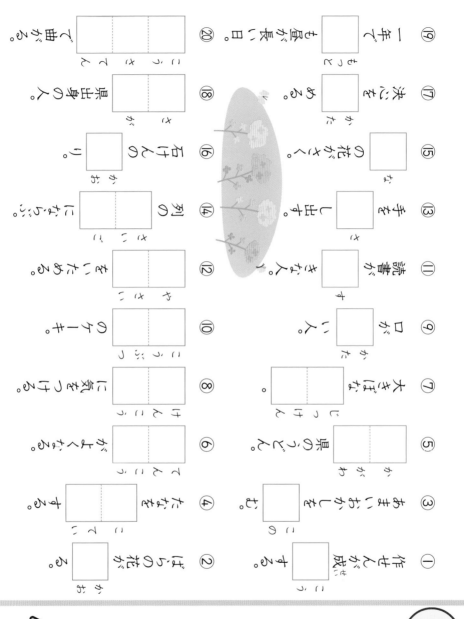

① 作□が成る。

② た□らの花が□く。

③ あたまをおさえる。

④ たなを□□にする。

⑤ 大□□けんのこう。

⑥ □□がたいへんになる。

⑦ 大きな□□けんのこう。

⑧ □□□に気をつける。

⑨ 口が□□な人。

⑩ □□のケーキ。

⑪ 読書が□□な人。

⑫ □□を□□にあつめる。

⑬ 手を□し出す。

⑭ □の列。

⑮ □の花がはへる。

⑯ 石けんの□り。

⑰ 決□を□める。

⑱ □□県出身の人。

⑲ □□で曲がる。

⑳ □□が長い日。

# やってみよう ⑥

**1** ──の漢字の読みがなを書きましょう。　1つ6〔24点〕

(1) 読書が好きだ。（　　　）

(2) 保健室の先生。（　　　）

(3) 固形のねんりょう。（　　　）

(4) 菜の花のおひたし。（　　　）

**2** □に当てはまる漢字を書きましょう。　1つ7〔28点〕

(1) 〔こう〕□績をたたえる。

(2) 日本で〔もっと〕□も長い川。

(3) 理科の〔じっけん〕□□。

(4) 〔さ〕□〔が〕□県の天気。

**3** 次の画数の漢字を□からえらび、□に書きましょう。　1つ6〔24点〕

(1) 10画　□　□

(2) 11画　□　□

　康　差
　候　菜

**4** 次の送りがながつく漢字を□からえらび、□に書きましょう。　1つ6〔24点〕

(1) □む

(2) □る

(3) □す

(4) □める

　固　好
　香　差

筆順 ① 1 — 2 — 3 — 4 — 5 — まちがえやすいところ …

| 漢字 | 読み方 | 画数・部首・筆順・言葉 | 練習 |
|---|---|---|---|
| 氏 | シ （うじ） | 4画 氏 氏名・氏族 | 氏 |
| 残 | ザン のこる・のこす | 10画 歹 のこる・かね残・書き残す・残る | 残 |
| 散 | サン ちる・ちらす・ちらかる・ちらかす | 12画 攵 散歩・花が散る・散る | 散 |
| 産 | サン うむ・うまれる （うぶ） | 11画 生 産まれる・産業・子を産む・産 | 産 |
| 参 | サン まいる | 8画 厶 参加・参考・寺に参る | 参 |
| 察 | サツ | 14画 宀 けいさつ・観察・考察・警察 | 察 |
| 刷 | サツ する | 8画 刂 印刷・新聞を刷る・刷 | 刷 |
| 札 | サツ ふだ | 5画 木 お札・名札・札束・札 | 札 |
| 昨 | サク | 9画 日 昨日・昨年・昨 | 昨 |
| 崎 | さき | 11画 山 長崎県・宮崎県・崎 | 崎 |
| 材 | ザイ | 7画 木 材料・木材・材 | 材 |
| 埼 | さい | 11画 土 埼玉県・埼 | 埼 |

画数・部首・筆順・言葉　読み方　漢字

練習

きほん

# 読んでみましょう

① 埼玉県に行く。（　　）

② 作文の題材。（　　）

③ 長崎県のび才。（　　）

④ 名札をつける。（　　）

⑤ 神社にお参りする。（　　）

⑥ 新聞を印刷する。（　　）

⑦ 犬が子どもを産む。（　　）

⑧ 昨夜の出来事。（　　）

⑨ 木の葉がまい散る。（　　）

⑩ 植物を観察する。（　　）

⑪ 宮崎県のきゅうり。（　　）

⑫ 参考書を買う。（　　）

⑬ 放課後、教室に残る。（　　）

⑭ みかんを生産する。（　　）

⑮ はん画を刷る。（　　）

⑯ 住所と氏名を言う。（　　）

⑰ 部屋の中が散らかる。（　　）

⑱ 公園を散歩する。（　　）

⑲ 残ねんな出来事。（　　）

⑳ 駅の改札口。（　　）

# 書いてみよう

月　日

/100点

135点

10分

（一つ5点）

① □□（にいがた）県に行く。

③ □□（しが）県のびわこ。

⑤ 神社にお□（まい）りする。

⑦ 犬が□どもを□（まも）る。

⑨ 木の□（えだ）を切る。

⑪ 木の葉が□（お）ちる。

⑬ 放課後、教室に□（のこ）る。

⑮ □□（はんが）をみる。

⑰ 部屋の中が□（ち）らかる。

⑲ □□（ざんねん）な出来事。

② 作文の□□（だい）。

④ □□（　　）をつける。

⑥ 新聞を□□（はい）する。

⑧ □□（　　）の出来事。

⑩ 植物を□□□（かんさつ）する。

⑫ □□□（　　）を買う。

⑭ □□□（　　）を買う。

⑯ 住所と□□（しめい）。

⑱ □□（　　）公園を□□（　　）する。

⑳ 駅の□□□（かいさつ）する。

月　日

10分

／100点

**1** ——の漢字の読みがなを書きましょう。 1つ6〔24点〕

(1) 病院で 出産 する。 ( )

(2) 赤ちゃんが 産 まれる。 ( )

(3) セ 氏 三十度 ( )

(4) 昨年 の夏。 ( )

**2** □に当てはまる漢字を書きましょう。 1つ7〔28点〕

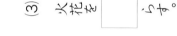

(1) 今から ［まい］ ります。

(2) 宿題をやり ［の〕 す。

(3) 火花を ［ち〕 らす。

(4) ［もくざい］ を切り出す。

**3** 形に気をつけて、□に当てはまる漢字を書きましょう。 1つ6〔48点〕

(1)
① 立て ［ふだ〕 が立つ。
② お ［れい〕 の言葉。

(2)
① け ［さ〕 の ［し〕 ……
② ［まつ〕 りの日。

(3)
① 長 ［さき〕 県
② ［さい〕 玉県

(4)
① 本の印 ［さつ〕。
② ［れつ〕 にならぶ。

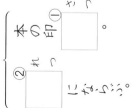

29—漢字4年

答えは82ページ

| 漢字 | 読み方 | 画数・部首・筆順・言葉 | | 練習 |
|---|---|---|---|---|
| 祝 | いわ(う)<br>シュク<br>(シュウ) | 9画　ネ | 祝日<br>お祝い<br>祝いの品<br>祝福 | |
| 周 | まわ(り)<br>シュウ | 8画　口 | まわり<br>一周<br>池の周り | |
| 種 | たね<br>シュ | 14画　ノ木 | たねまき<br>人種<br>種子<br>種類 | |
| 借 | か(りる)<br>シャク | 10画　イ | にんべん<br>借金<br>本を借りる | |
| 失 | うしな(う)<br>シツ | 5画　大 | 失礼<br>気を失う | |
| 鹿 | しか・か | 11画　鹿 | 鹿の角<br>鹿児島県 | |
| 辞 | (や)める<br>ジ | 13画　辛 | 辞書<br>辞典<br>辞める | |
| 滋 | (ジ) | 12画　氵 | 滋賀県 | |
| 治 | なお(る・す)<br>おさ(める・まる)<br>ジ・チ | 8画　氵 | 政治<br>国を治める | |
| 児 | (ニ)・ジ | 7画　ル | 育児<br>児童 | |
| 試 | こころ(みる)<br>ため(す)<br>シ | 13画　言 | 試合<br>試験<br>新たに試みる | |
| 司 | シ | 5画　口 | 司会<br>上司 | |

| 漢字 | 読み方 | 画数・部首・筆順・言葉 | 練習 |

# 読んでみましょう

月　　日

1つ5点
／100点

⑩分

① 実験を 試（　　）みる。

② とうろんの 司会（　　）。

③ けががすっかり 治（　　）る。

④ 小学校の 児童（　　）の数。

⑤ 国語辞（　　）てんで調べる。

⑥ 明治（　　）時代の生活。

⑦ 何度も 失（　　）ぱいする。

⑧ サッカーの 試合（　　）。

⑨ 図書室の本を 借（　　）りる。

⑩ 滋賀（　　）県にあるびわ湖。

⑪ ショックで気を 失（　　）う。

⑫ 町の 自治会（　　）。

⑬ ちょうの 種（　　）るい。

⑭ 借金（　　）を返す。

⑮ 花だんの 周（　　）り。

⑯ 校庭を 一周（　　）する。

⑰ ひまわりの 種（　　）。

⑱ 鹿児島（　　）県の火山。

⑲ 新年を 祝（　　）う。

⑳ 国みんの 祝日（　　）。

きほん

# 書いてみよう

月　日

/100点
/175点
10分

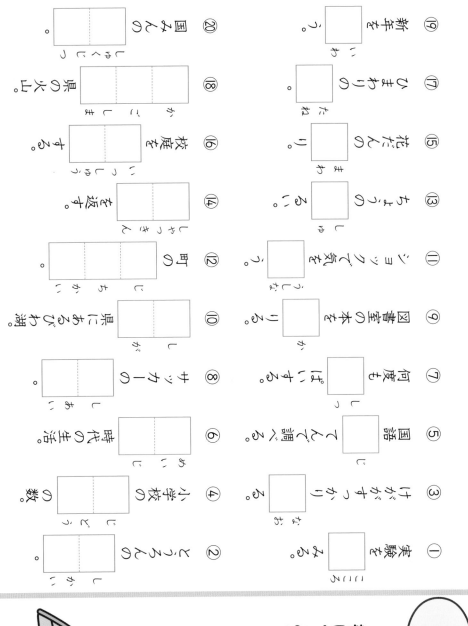

① 実験を□□□。（おこな）

③ けがをすっかり□□。（なお）

⑤ 国語□□てしらべる。（じてん）

⑦ 何度もはっ□□する。（せい）

⑨ 図書室の本を□□する。（か）

⑪ ジョッ□で気を□□。（つ）

⑬ ちょう□の□こう。（しゅう）

⑮ 花だんの□□り。（まわ）

⑰ ひまわりの□□。（たね）

⑲ 新年を□□う。（いわ）

② □□□□の□。（こうていし）

④ 小学校の□□□の数。（じどう）

⑥ □□時代の生活。（えど）

⑧ サッカーの□□□。（しあい）

⑩ □□県にあるびわ湖。（しが）

⑫ 町の□□□□。（しやくしょ）

⑭ □□□□を返す。（しゃっきん）

⑯ 校庭を□□□する。（いっしゅう）

⑱ □□□□県の火山。（かごしま）

⑳ 国みんの□□□。（しゅくじつ）

# まとめテスト 8

月　日

10分　/100点

**1** ──の漢字の読みがなを書きましょう。 1つ6〔24点〕

(1) ようち園児（　　　）

(2) 円周（　　　）の長さ。

(3) 言葉を失（　　　）う。

(4) 失礼（　　　）をわびる。

**2** □に当てはまる漢字を書きましょう。 1つ7〔28点〕

(1) 王が国を｜おさ｜める。

(2) ｜しか｜が草を食べる。

(3) 新しい方法を｜こころ｜みる。

(4) ｜し｜｜が｜県を通る道。

**3** ①と②の□の部分を組み合わせて四つの漢字を作り、□に書きましょう。 1つ6〔24点〕

□　□

□　□

① ネ　昔　禾　牛

② 吾　重　イ　兄

**4** 意味を考えて、次の読み方の漢字を□に書きましょう。 1つ6〔24点〕

(1) し｛
会社の上①□。
入学②□験。

(2) せい｛
国のせい①□。
②□書を引く。

答えは82ページ

# 漢字

| 漢字 | 井 | 信 | 臣 | 縄 | 城 | 照 | 焼 | 唱 | 笑 | 松 | 初 | 順 |
|---|---|---|---|---|---|---|---|---|---|---|---|---|
| **読み方** | (ショウ)セイ・い | シン | シン・ジン | (ジョウ)なわ | ジョウ しろ | ショウ・てる・てらす・てれる | ショウ やく・やける | ショウ となえる | (ショウ)わらう・えむ | ショウ まつ | ショ はじ(め)・はじ(めて)・はつ・うい・そ(める) | ジュン |
| **画数・部首** | 4画 二 | 9画 イ | 7画 臣 | 15画 糸 | 9画 土 | 13画 灬 | 12画 火 | 11画 口 | 10画 竹 | 8画 木 | 7画 刀 | 12画 頁 |
| **筆順・言葉** | 井 井戸 福井県 天井 | 信 信号 自信 信じる | 臣 家臣 大臣 | 縄 なわとび 沖縄県 縄 | 城 城下町 城あと 落城 | 照 照明 日照り 照れる | 焼 焼く 魚を焼く 夕焼け 焼きつけ | 唱 合唱 新しい説を唱える | 笑 大笑い 笑う 笑顔 | 松 松竹梅 松の木 松林 | 初 最初 初めて 年の初め 書き初め | 順 順番 順路 道順 筆順 |
| **練習** | | | | | | | | | | | | |

まちがえやすい漢字…●

きほん

# 読んでみよう

月　日

10分　1つ5点　／100点

① 一本の古い松の木。

② 順番にならぶ。

③ 楽しそうに笑う。

④ 物語の最初の場面。

⑤ 炭火で魚を焼く。

⑥ 初めておとずれた土地。

⑦ おもようを唱える。

⑧ みんなで合唱する。

⑨ ほめられて照れる。

⑩ との様の家臣。

⑪ 高台に残っている城。

⑫ 縄とびの練習。

⑬ 城下町を歩く。

⑭ 部屋の照明。

⑮ そう理大臣になる。

⑯ 松竹ばいの絵。

⑰ 昼から日が照る。

⑱ 井戸の水をくむ。

⑲ 友だちの話を信じる。

⑳ 福井県の出身。

きほん

書いてみよう

月　日

/100点
10分

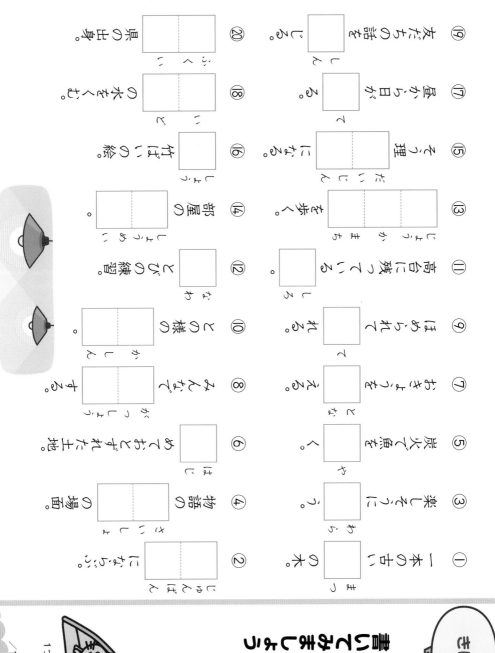

① 一本の□木。

③ 楽しそうにわらう□。

⑤ 炭火で□魚をやく。

⑦ おもちゃを□へかえる。

⑨ はじめっつて□える。

⑪ 高台に残っている□しろ。

⑬ □を歩く。

⑮ そ□理だん□を歩く。

⑰ 昼から目が□てくる。

⑲ 友だちの話を□しる。

② 物語の場の□面。

④ 物語の□。

⑥ みんなで□めておくとおりすれた土地。

⑧ その様の□となる。

⑩ □の練習。

⑫ 部屋の□じょうじ。

⑭ □。

⑯ 竹□にの絵。

⑱ □の水をへらす。

⑳ 県の出身。□

月　　日

10分

/100点

# ⑥ じっくりまとめ

**1** ──の漢字の読みがなを書きましょう。 1つ6〔24点〕

(1) 先着順 に配る。　　（　　　　　　）

(2) もちが 焼 ける。　　（　　　　　）

(3) 大名の 重臣 。　　（　　　　　　）

(4) 井 の中のかわず。　（　　　　　）

**2** □に当てはまる漢字を書きましょう。 1つ7〔28点〕

(1) おだやかな □(わら) い顔。

(2) 大ぜいの前で □(こと) れる。

(3) 話を □□(しんちょう) する。

(4) 四月の □(はじ) めごろ。

**3** ①と②の □ の部分を組み合わせて四つの漢字を作り、□に書きましょう。 1つ6〔24点〕

□　□

□　□

① 禾　成　言　糸

② き　イ　重　刀

**4** 意味を考えて、シ□ウと読む漢字を□に書きましょう。 1つ6〔24点〕

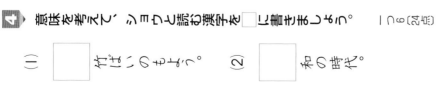

(1) □ 竹ばこのもよう。

(2) □ 和の時代。

(3) 一日の日 □ 時間。

(4) 詩を暗 □ する。

答えは82ページ

| 漢字 | 読み方 | 画数・部首・筆順・言葉 | 練習 |
|---|---|---|---|
| 戦 | たたかう・(いくさ)・セン | 13画　戦（ほこづくり）　戦争・作戦・戦う | |
| 浅 | あさ(い)・セン | 9画　浅（さんずい）　浅い・川が浅い | |
| 説 | とく・セツ・(ゼイ) | 14画　説（ごんべん）　説明・数を説く | |
| 節 | ふし・セツ・(セチ) | 13画　節（たけかんむり）　節約・節目 | |
| 折 | おる・おり・おれる・セツ | 7画　折（てへん）　右折・折れる・骨を折る | |
| 積 | つむ・つもる・セキ | 16画　積（のぎへん）　面積・積み木 | |
| 席 | セキ | 10画　席（はば）　運転席・出席 | |
| 静 | しず・しずか・しずまる・しずめる・セイ・(ジョウ) | 14画　静（あお）　静止・静か・静める | |
| 清 | きよい・きよまる・きよめる・セイ・(ショウ)・(シン) | 11画　清（さんずい）　清書・清い | |
| 省 | かえりみる・はぶく・セイ・ショウ | 9画　省（め）　反省・説明を省く | |
| 成 | なる・なす・セイ・(ジョウ) | 6画　成（ほこ）　成長・成り立つ | |

きほん

# 読んでみましょう

月　　日

1つ5点

/100点

10分

① なせば 成（　　）る。

② 体を 清（　　）める。

③ むだを 省（　　）く。

④ 清流（　　）にすむ魚。

⑤ 行いを 反省（　　）する。

⑥ もけいが 完成（　　）する。

⑦ れんがを 積（　　）む。

⑧ 省（　　）りゃくする。

⑨ 木のえだを 折（　　）る。

⑩ 静電気（　　）が起きる。

⑪ 山里の夜の 静（　　）けさ。

⑫ 花だんの 面積（　　）。

⑬ 自分の考えを人に 説（　　）く。

⑭ 車が角を 右折（　　）する。

⑮ 竹には 節（　　）がある。

⑯ 寒い 季節（　　）になる。

⑰ 浅（　　）い川で泳ぐ。

⑱ くわしく 説明（　　）する。

⑲ 試合で 戦（　　）う。

⑳ バスの 運転席（　　）。

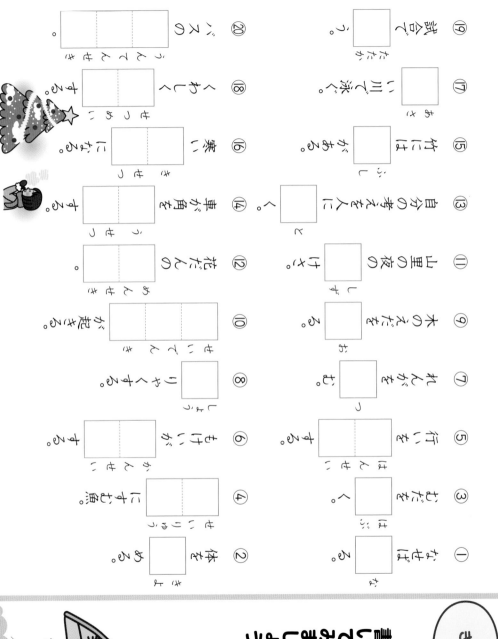

# 書いておぼえよう

きほん

月　日

/100点

1つ5点

10分

① なせ□ばなる。

③ □□べる。

⑤ 行いを□□する。

⑦ これを□とん。

⑨ 木のえだを□る。

⑪ 山里の夜の□しさ。

⑬ 自分の考えを人に□と。

⑮ 竹には□がある。

⑰ □い川に深く。

⑲ 試合で□った。

② 体を□める。

④ □□に漁す。

⑥ むけが□□いする。

⑧ □くすぐる。

⑩ □□□が起きる。

⑫ 花だんの□□。

⑭ 事が□□する。

⑯ 寒い□□になる。

⑱ □□へくわ□する。

⑳ □□□のバス。

**1** ——の漢字の読みがなを書きましょう。　1つ6〔24点〕

(1) 手間を省く。（　　　）

(2) 詩に節をつけて歌う。（　　　）

(3) あらしが静まる。（　　　）

(4) 小説を読む。（　　　）

**2** □に当てはまる漢字を書きましょう。　1つ7〔28点〕

(1) ちょくせつ　□□する。

(2) さくせん　□□を立てる。

(3) 雪が□（つ）もる。

(4) あたり　□を見て話す。

**3** ①と②の□の部分を組み合わせて四つの漢字を作り、□に書きましょう。　1つ6〔24点〕

① 氵　貴　斤　攵

② 単　扌　禾　我

□　□

□　□

**4** 次の送りがなのつく漢字を□からえらび、□に書きましょう。　1つ6〔24点〕

(1) □　い

(2) □　か

(3) □　く

(4) □　す

静　説　成　清

| 漢字 | 隊 | 帯 | 孫 | 卒 | 続 | 側 | 束 | 巣 | 倉 | 争 | 然 | 選 | |
|---|---|---|---|---|---|---|---|---|---|---|---|---|---|
| 読み方 | タイ | タイ／おびる・おび | ソン／まご | ソツ | ゾク／つづく・つづける | ソク／がわ | ソク／たば | ソウ／す | ソウ／くら | ソウ／あらそう | ゼン・ネン | セン／えらぶ | |
| 画数・部首・筆順・言葉 | 12画 | 10画 巾 | 10画 子 | 8画 十 | 13画 糸 | 11画 イ | 7画 木 | 11画 ツ | 10画 人 | 6画 亅 | 12画 灬 | 15画 辶 | |
| 練習 | | | | | | | | | | | | | |

きほん

# 読んでみましょう

月　日

1つ5点

10分

/100点

① 学級委員を 選 ぶ。（　　）

② 自 然 を守る。（　　）

③ 戦 争 に反対する。（　　）

④ 天 然 の氷がはる。（　　）

⑤ 鳥が木に 巣 を作る。（　　）

⑥ 倉 庫 が立ちならぶ。（　　）

⑦ 友だちとやく 束 する。（　　）

⑧ 花 束 をおくる。（　　）

⑨ 倉 に作物をしまう。（　　）

⑩ 箱の 側 面 。（　　）

⑪ 晴れの日が 続 く。（　　）

⑫ 事けんが 続 発 する。（　　）

⑬ おじいさんと 孫 。（　　）

⑭ 道の 右 側 を歩く。（　　）

⑮ 実が赤みを 帯 びる。（　　）

⑯ 子 孫 につたえる。（　　）

⑰ ねっ 帯 魚をかう。（　　）

⑱ 言い 争 うことをやめる。（　　）

⑲ ぐん 隊 の人形。（　　）

⑳ 卒 業 式 の日。（　　）

43—漢字4年

きほん

書いてみよう！

月　　日

／100点
1つ5点
10分

① 学級委員を
　□□える。
　（えら）

③ □□に反対する。
　（せんとう）

⑤ 鳥が木に
　□を作る。
　（す）

⑦ 友だちと木に
　□□を作る。
　（へや）

⑨ □に作物を
　□□します。
　（へい）

⑪ 晴れの日が
　□□く。
　（つづ）

⑬ おじいさんの
　□□まい。
　（すまい）

⑮ 実が赤みを
　□びる。
　（お）

⑰ ねっこに魚を
　□□かう。
　（あつ）

⑲ □□の日の。
　（きょうそう）

② □□せんを守る。
　（しんせん）

④ □□ての水がにごる。
　（てんねん）

⑥ □□たがにはが立たない。
　（はなした）

⑧ □□をおへる。
　（はなたば）

⑩ □の箱の
　□□める。
　（そくてん）

⑫ □□げんで
　事が□けんす。
　（じけん）

⑭ □□の道の
　（みちがわ）

⑯ □□につたえる。
　（てんし）

⑱ □□に言い
　（あら）つたえられる。

⑳ □□の日の。
　（きょうそう）

# 11 □□をつくろう

**1** ——の漢字の読みがなを書きましょう。　1つ6〔24点〕

(1) れん続ドラマ（　　　）

(2) 赤色の帯を買う。（　　　）

(3) 全然知らない。（　　　）

(4) たんけん隊のなかま。（　　　）

**2** □に当てはまる漢字を書きましょう。　1つ7〔28点〕

(1) いめぐら　　に入る。

(2) せんしゅ　体そうの。

(3) うちがわ　箱の。

(4) そつえんしき　

**3** 形に気をつけて、□に当てはまる漢字を書きましょう。　1つ6〔48点〕

(1)
① か　りんごの□実。
② す　□箱を作る。

(2)
① まご　おばあさんと□。
② けい　理科に関□ある言葉。

(3)
① そう　戦□と平和。
② よほう　天気□。

(4)
① そく　結□を強める。
② とう　□京に住んでいる。

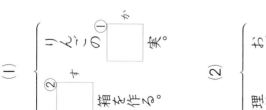

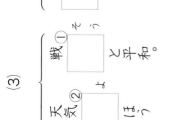

答えは82ページ

| 漢字 | 達 | 単 | 置 | 仲 | 沖 | 兆 | 低 | 底 | 的 | 典 | 伝 | 徒 |
|---|---|---|---|---|---|---|---|---|---|---|---|---|
| 読み方 | タツ | タン | チ おく | チュウ なか | チュウ おき | チョウ きざ(す) きざ(し) | テイ ひく(い) ひく(める) ひく(まる) | テイ そこ | テキ まと | テン | デン つた(わる) つた(える) つた(う) | ト |
| 画数・部首・筆順 | 12画 | 9画 | 13画 | 6画 | 7画 | 6画 | 7画 | 8画 | 8画 | 8画 | 6画 | 10画 |
| 使い方・言葉 | 速達・達成 | 単語・単調 | 物置・位置・時計 | 仲直り・仲間 | 沖合い・沖縄県 | 一兆円・前兆 | 低い・気温が低く | まだ底・海の底 | 目的・的外れ | 古典・事典 | 伝記・話を伝える | 生徒・徒歩 |
| 練習 | | | | | | | | | | | | |

# 読んでみましょう

① こすにかばんを置く。（　　　）

② 長さの単位。（　　　）

③ 低い山に登る。（　　　）

④ 上達が早い。（　　　）

⑤ 声を低める。（　　　）

⑥ 今いる位置。（　　　）

⑦ 矢を的に当てる。（　　　）

⑧ 仲間が集まる。（　　　）

⑨ 百科事典で調べる。（　　　）

⑩ 沖縄県のやとうきび。（　　　）

⑪ 話が正しく伝わる。（　　　）

⑫ 一兆円の予算。（　　　）

⑬ 伝記を読む。（　　　）

⑭ 土地の高低の差。（　　　）

⑮ 中学校の生徒の数。（　　　）

⑯ 海底にしずんだ船。（　　　）

⑰ 有名な古典作品。（　　　）

⑱ 目的地に着く。（　　　）

⑲ 電話で相手に伝える。（　　　）

⑳ 底力を出す。（　　　）

# 書いてみよう

きほん

月　日

/100点
/125点

10分

⑲ 電話で相手に
[　　] をさし出す。

⑰ 有名な
[　　] 作品。

⑮ 中学校の
[　　] の数。

⑬ [　] を読む。

⑪ 話が正しく
[　] わる。

⑨ 百科
[　　] で調べる。

⑦ 矢を
[　] める。
声を

⑤ 山に
[　] る。

③ いすにすわって
[　] む。

① [　] へ。

⑳ [　　] に着く。

⑱ [　] にしずんだ船。

⑯ [　　] の差。

⑭ 土地の
[　　]。

⑫ [　　] の予算。

⑩ 県の
[　　] が集まる。

⑧ [　　] なる。
今

⑥

④ 長さの
[　　]。

② [　　] が早い。

# まとめテスト 12

**1** ──の漢字の読みがなを書きましょう。　一つ6〔24点〕

(1) あらしの 前兆。（　　　　）

(2) 単調なリズム。（　　　　）

(3) 家具の 配置。（　　　　）

(4) 沖 で漁をする。（　　　　）

**2** □に当てはまる漢字を書きましょう。　一つ7〔28点〕

(1) ［　　　］（とくちょう）をいう。

(2) ［　　　］（そくたつ）がとどく。

(3) ［　　　］（こくせつ）を聞く。

(4) ［　　　　　］（としょかん）

**3** 8画の漢字を□から三つ選び、□に書きましょう。　一つ8〔24点〕

□　□　□

［ 的　単　底　兆　沖　典 ］

**4** 「イ（にんべん）」のつく漢字を□に書きましょう。　一つ6〔24点〕

(1) ［　］（な）直りをする。

(2) 気持ちを ［　］（つた）える。

(3) 気温が ［　］（ひく）くなる。

(4) 力を ［　］（か）りる。

答えは82ページ

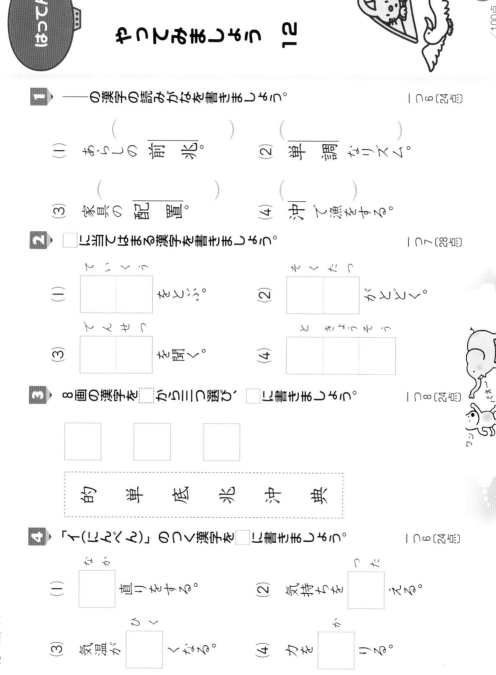

「栃」と書いてもよい。

〈筆順〉 1— 2— 3— 4— 5—

まちがえやすいところ……

| 漢字 | 梅 | 敗 | 念 | 熱 | 梨 | 奈 | 栃 | 徳 | 特 | 働 | 灯 | 努 |
|---|---|---|---|---|---|---|---|---|---|---|---|---|
| 読み方 | うめ バイ おそれる | ハイ やぶれる | ネン | ネツ あつい | なし | ナ | とち | トク | トク | ドウ はたらく | （ひ）トウ ともす | ド つとめる |
| 画数・部首・筆順・言葉 | 10画 木 | 11画 女 | 8画 心 | 15画 灬 | 11画 木 | 8画 大 | 9画 木 | 14画 イ | 10画 牛 | 13画 イ | 6画 火 | 7画 力 |

# 読んでみましょう

月　日

1つ5点　/100点　10分

① かい中電灯 （　　　）

② おそくまで働く。 （　　　）

③ 実働時間 （　　　）

④ 栃木県産のこむぎ。 （　　　）

⑤ 勉学に努める。 （　　　）

⑥ 神奈川県の地図。 （　　　）

⑦ かぜで発熱する。 （　　　）

⑧ 特色ある町づくり。 （　　　）

⑨ 社会の道徳を守る。 （　　　）

⑩ 長い時間ろう働する。 （　　　）

⑪ 努力をおしまない。 （　　　）

⑫ 奈良県の大ぶつ。 （　　　）

⑬ 梅雨前線 （　　　）

⑭ 山梨県産のぶどう。 （　　　）

⑮ 熱いお茶を飲む。 （　　　）

⑯ 熱湯を注ぐ。 （　　　）

⑰ 梅ぼしを作る。 （　　　）

⑱ 記念写真をとる。 （　　　）

⑲ 野球の試合に敗れる。 （　　　）

⑳ 勝敗が決まる。 （　　　）

きほん

書いてみよう

1つ5点　　/100点　　10分

月　　日

① か □ しゅ

③ じ □ かん　時間

⑤ 勉強に □ く　と

⑦ かぜで □ はね　ねる。

⑨ 社会の □ べんきょう　を守る。

⑪ □ を　おとす　こと。

⑬ □ はいう　前線

⑮ お □ あい　を飲む。

⑰ □ ぼうし　をぼうし作る。

⑲ 野球の試合に □ やぶ　れる。

② お □ はた　をまげて……

④ お □ かち　をまで……

⑥ □ きわ　な　県産のもち。

⑧ ある町 □ ちょう　へいく。

⑩ 長い時間 □ ろう　ろうする。

⑫ □ なら　良県の大ぶつ。

⑭ □ やま　なし　県産のぶどう。

⑯ □ とくね　を注ぐ。

⑱ □ きねん　写真をとる。

⑳ □ しょうぶ　が決まる。

# まとめテスト 13

**1** ——の漢字の読みがなを書きましょう。　1つ6〔24点〕

(1) 早起きに努める。（　　）

(2) 努力を重ねる。（　　）

(3) 梨を半分に切る。（　　）

(4) 試合に敗北する。（　　）

**2** □に当てはまる漢字を書きましょう。　1つ7〔28点〕

(1) ふろの湯が[あつ]い。

(2) [しょうちくばい]のもよう。

(3) [こうねつ]が出る。

(4) [とくしま]県のすだち。

**3** 次の漢字の部首を選び、○でかこみましょう。　1つ6〔24点〕

(1) 奈 { 大 ・ 示 }

(2) 働 { イ ・ 力 }

(3) 念 { 人 ・ 心 }

(4) 敗 { 貝 ・ 攵 }

**4** ①と②の⁝⁝の部分を組み合わせて四つの漢字を作り、□に書きましょう。
　1つ6〔24点〕

① 火 扌 阝 彡

② 木 イ 丁 寺

（□ □）

（□ □）

答えは82ページ

画順 1 — 2 — 3 — 4 — 5 — まちがえやすいところ…

| 漢字 | 読み方 | 画数・部首・筆順・言葉 | 練習 |
|---|---|---|---|
| 阜 | おか | 8画　阝　岐阜県 | |
| 府 | フ | 8画　广　京都府・都道府県 | |
| 付 | フ・つける・つく | 5画　亻　近付く・取り付ける・付近 | |
| 夫 | フ・フウ・おっと | 4画　大　夫人・夫と妻 | |
| 不 | フ・ブ | 4画　一　不安・不気味・不足 | |
| 標 | ヒョウ | 15画　木　標識・目標・標語 | |
| 票 | ヒョウ | 11画　示　投票・要・票数 | |
| 必 | ヒツ・かならず | 5画　心　必死・必要・必ず勝つ | |
| 飛 | ヒ・とぶ・とばす | 9画　飛　飛行機・空を飛ぶ | |
| 飯 | ハン・めし | 12画　食　赤飯・昼飯・ご飯 | |
| 阪 | ハン | 7画　阝　大阪府 | |
| 博 | ハク・バク | 12画　十　博学・博物館 | |

まちがえやすい漢字…

きほん

# 読んでみましょう

月　日

10分

1つ5点

／100点

① 博物館 に行く。（　　　　）

② 大阪府 の遊園地。（　　　　）

③ とんぼが 飛 ぶ。（　　）

④ 小がたの 飛行機 。（　　　　）

⑤ 朝ご 飯 を食べる。（　　）

⑥ 小学生の 必読 の書。（　　）

⑦ ぼうしが 飛 ばされる。（　　）

⑧ 不気味 な色の池。（　　　　）

⑨ 借りた本は 必 ず返す。（　　）

⑩ 選挙で 投票 する。（　　）

⑪ 子犬に名前を 付 ける。（　　）

⑫ 京都府 の面積。（　　　　）

⑬ 目標 をかかげる。（　　）

⑭ キュリー 夫人 の話。（　　）

⑮ にぎり 飯 を食べる。（　　）

⑯ 不思議 なゆめ。（　　　　）

⑰ 仲のよい 夫 とつま。（　　）

⑱ 学校 付近 の地図。（　　）

⑲ くつに土が 付 く。（　　）

⑳ 岐阜県の集落。（　　）

55 — 漢字 4 年

き本

書いてみよう

月　日

／100点

／25点

10分

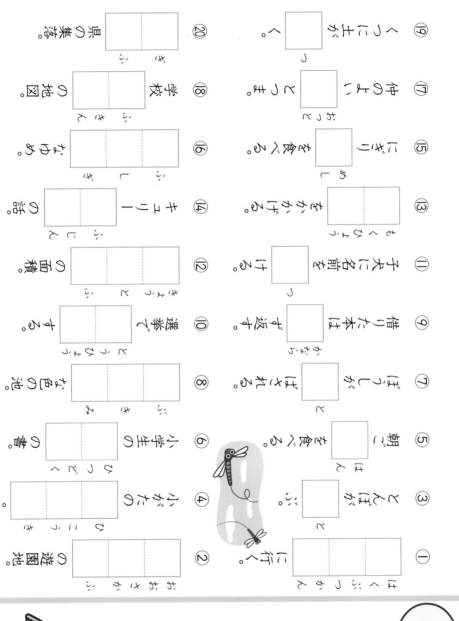

⑲ □ に こうしが へ。

⑰ 仲のよい おとこ と。

⑮ □ にくを 食べる。

⑬ □ を かける。

⑪ 子犬に 名前を つける

⑨ 借りた本は かならず 返す

⑦ □ を 食べる。

⑤ 朝 □ を 食べる。

③ □

① □ に 行へ。

② □ の 遊園地。

④ □ の 書。

⑥ 小学生の □ の 書。

⑧ □ 色の池。

⑩ 選挙で □ する。

⑫ □ の 面積。

⑭ キュー □ の 話。

⑯ □ なか。

⑱ 学校の □ の 地図。

⑳ 県の集落。

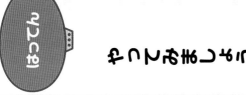

**1** ——の漢字の読みがなを書きましょう。　1つ6〔24点〕

(1) （　　　　　）
必死 でがんばる。

(2) （　　　　　）
不安 な気持ち。

(3) （　　　　　）
一人の 農夫。

(4) （　　　　　）
岐阜 県を流れる清流。

**2** □に当てはまる漢字を書きましょう。　1つ7〔28点〕

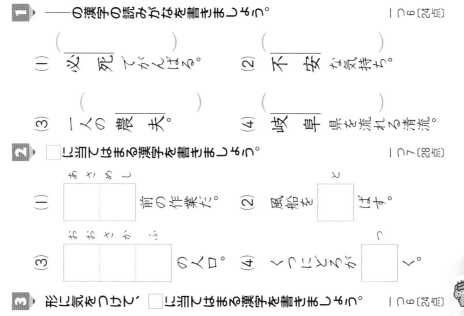

(1) あやうし
□ 前の作業だ。

(2) 風船を □ ばす。
（と）

(3) おおさか ふ
□□ の人口。

(4) くつにどろが □ く。
（つ）

**3** 形に気をつけて、□に当てはまる漢字を書きましょう。　1つ6〔24点〕

(1)
① はん
　赤 □ を食べる。
② いん
　□ りょう水。

(2)
① ひょう
　選挙の開 □ 作業。
② ひょう
　こん虫の □ 本。

**4** 次の部首のつく漢字を□に書きましょう。　1つ6〔24点〕

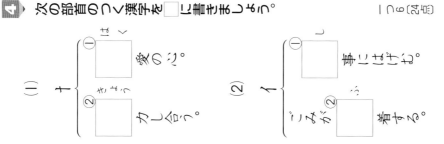

(1) 十
① はく
　□ 愛の心。
② きょう
　□ 力し合う。

(2) イ
① し
　□ 事にはげむ。
② ふ
　ごみが □ 着する。

答えは 83ページ

まちがえやすい漢字……

| 漢字 | 読み方 | 画数・部首・筆順・言葉 | 練習 |
|---|---|---|---|
| 牧 | ボク／まき | 8画　牜　牧し・牧場・牧草 | 牧 |
| 望 | ボウ・モウ／のぞむ | 11画　月　望き・望切・望望・待望・希望・平和を望む | 望 |
| 法 | ホウ・（ハッ・ホッ） | 8画　氵　法・法す・法・作法・方法・法事 | 法 |
| 包 | ホウ／つつむ | 5画　勹　包・包む・包丁・小包・紙に包む | 包 |
| 便 | ベン・ビン／たより | 9画　イ　便・便・信・便利・風便の便り | 便 |
| 変 | ヘン／かわる・かえる | 9画　夂　大変・変・亦・変・変化する・色が変わる | 変 |
| 辺 | ヘン／あたり・べ | 5画　辶　辺・辺・辺・辺・周辺・海辺 | 辺 |
| 別 | ベツ／わかれる | 7画　刂　別・別・別・別・別・区別・別れる・友と別れる | 別 |
| 兵 | ヘイ・ヒョウ | 7画　ハ　兵・兵・兵・兵・兵士・兵庫県 | 兵 |
| 副 | フク | 11画　刂　副・副・副・副・副用・副読本 | 副 |
| 富 | フ・フウ／とむ・とみ | 12画　宀　富・富・富・富・富む・豊富・富士 | 富 |

筆順　1—2—3—4—5

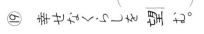

きほん

# 読みをまとめよう

月　日

1つ5点
/100点
10分

① 富 をたくわえる。

② 薬の 副 作 用。

③ 辺 りが暗くなる。

④ 兵 庫 県の工芸品。

⑤ かげの形が 変 わる。

⑥ 兵 器 をなくす。

⑦ 友達と 別 れる。

⑧ 学校の 周 辺 を歩く。

⑨ 別 の店へ行く。

⑩ 色が 変 化 する。

⑪ 便 りがとどく。

⑫ 包 帯 をまく。

⑬ ほう 富 な地下水。

⑭ 海 辺 の小さな村。

⑮ 品物を紙で 包 む。

⑯ 交通が 不 便 な土地。

⑰ てん 望 台からのながめ。

⑱ 話を伝える 方 法。

⑲ 幸せなくらしを 望 む。

⑳ 馬が 牧 草 を食べる。

きほん

書いてみよう

月　日

/100点

135点

10分

① □と□をかんがえる。

③ あた□□□くらへんになる。

⑤ □□げの形がかわる。

⑦ 友達と□□□□がわかれる。

⑨ □□□□よの店へ行ける。

⑪ □□□□よの店へ行く。

⑬ □□□□ぶ、ち地下水へいく。

⑮ 品物を紙で□□む。

⑰ □□□□てんの台からのがれる。

⑲ 幸せな□□らすくらす。

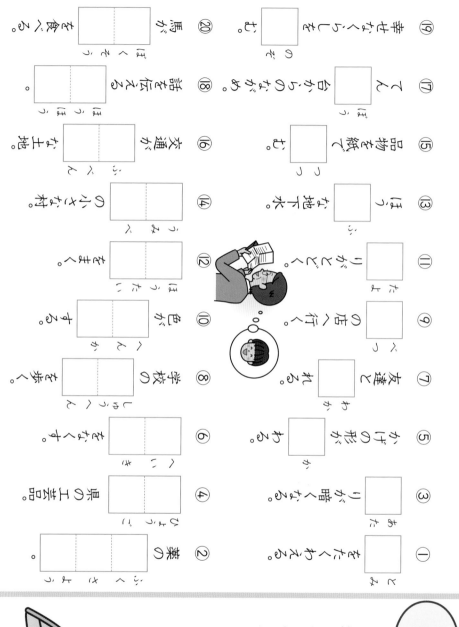

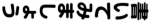

② □□□□くすり薬の□

④ 県の工芸品

⑥ □□せいなへをします。

⑧ 学校の□□□□せいへを歩く。

⑩ 色が□□かんへする。

⑫ □□はたを□□まにする。

⑭ □□□なべけの□村。

⑯ 交通が□□べんな土地。

⑱ □□話を伝える。

⑳ 馬が□□ほうべを食べる。

月　日

10分
／100点

# しんだんテスト 15

1 ——の漢字の読みがなを書きましょう。　1つ6〔24点〕

(1) 水辺 の生き物。（　　　）

(2) 予定を 変 える。（　　）

(3) 世界平和を 望 む。（　　）

(4) 副 会 長 を選ぶ。（　　　　　　）

2 □に当てはまる漢字を書きましょう。　1つ7〔28点〕

(1) さきを ［ほう］ にする。

(2) ［びん］ 局に行く。

(3) 話題に ［と］ んだく。

(4) 形で ［けっ］［てい］ する。

3 次の漢字の部首を選び、○でかこみましょう。　1つ6〔24点〕

(1) 辺 ｛ 刀 ・ 辶 ｝

(2) 変 ｛ 亠 ・ 夂 ｝

(3) 望 ｛ 月 ・ 王 ｝

(4) 兵 ｛ 丶 ・ 八 ｝

4 ①と②の □ の部分を組み合わせて四つの漢字を作り、□に書きましょう。　1つ6〔24点〕

| ① | リ | オ | 去 | 更 |
|---|---|---|---|---|
| ② | シ | イ | 夕 | 攵 |

□ □

□ □

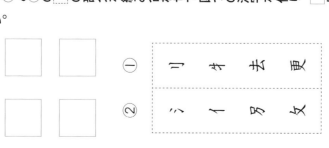

答えは83ページ

| 漢字 | 読み方 | 画数・部首・筆順・言葉 | 練習 |
|---|---|---|---|
| 陸 | リ（ク） | 11画　阝　陸地・着陸 | 陸 |
| 利 | リ・き（く）・あらわす | 7画　刂　利用・便利 | 利 |
| 浴 | ヨク・あ（びる）・あ（びせる） | 10画　氵　入浴・水を浴びる | 浴 |
| 養 | ヨウ・やしな（う） | 15画　食　養分・家族を養う | 養 |
| 要 | ヨウ・い（る）・かなめ | 9画　襾　重要・チームの要 | 要 |
| 勇 | ユウ・いさ（む） | 9画　力　勇気・勇ましい | 勇 |
| 約 | ヤク | 9画　糸　節約・約束 | 約 |
| 無 | ム・ブ・な（い）・（な）し | 12画　灬　無理・心配が無い | 無 |
| 民 | ミン・たみ | 5画　氏　国民・民族 | 民 |
| 未 | ミ | 5画　木　未定・未来 | 未 |
| 満 | マン・み（ちる）・み（たす） | 12画　氵　満員・月が満ちる | 満 |
| 未 | ミ・（ビ）・いまだ | 5画　木　結末・未っ子 | 未 |

# 読んでみましょう

月　日

① 物語の悲しい結末。（　　　　　）

② 無人島に行く。（　　　　　）

③ くらしに満足する。（　　　　　）

④ 未来の都市。（　　　　　）

⑤ しおが満ちる。（　　　　　）

⑥ 民家が立ちならぶ。（　　　　　）

⑦ 無い物ねだりをする。（　　　　　）

⑧ 末っ子に生まれる。（　　　　　）

⑨ よろこび勇むすがた。（　　　　　）

⑩ 約束を守る。（　　　　　）

⑪ 体力を養う。（　　　　　）

⑫ 勇気を出す。（　　　　　）

⑬ 無礼なたい度。（　　　　　）

⑭ 栄養分をとる。（　　　　　）

⑮ シャワーを浴びる。（　　　　　）

⑯ アフリカ大陸（　　　　　）

⑰ かさが必要になる。（　　　　　）

⑱ チームの要。（　　　　　）

⑲ バスを利用する。（　　　　　）

⑳ 海水浴に行く。（　　　　　）

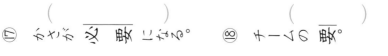
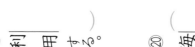

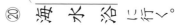

書いてみよう

きほん

漢字4年—64

月　日

10分

/100点

1つ5点

① 物語の悲しい ［　　］（けっしょう）

② ［　　］（むじんとう）に行く。

③ ［　　］（まえぞく）にすすむ。

④ ［　　］（みらい）の都市。

⑤ ［　　］（みおち）しがおちる。

⑥ ［　　］（かんちがい）が立たない。

⑦ ［　　］に物ねだりする。（な）

⑧ ［　　］（すえ）っ子に生まれる。

⑨ ［　　］よいむすかすた。（き）

⑩ ［　　］（やくそく）を守る。

⑪ 体力を ［　　］（けい）。

⑫ ［　　］（しゅくじ）を出す。

⑬ ［　　］（なれにれ）なに度。

⑭ ［　　］（えいじつ）をたべる。

⑮ バレーボールを ［　　］ぶ。（あそ）

⑯ アフリカ ［　　］（たいりく）

⑰ ［　　］（かさ）がひくい。

⑱ チームの ［　　］（なか）。

⑲ ガスを ［　　］（びよう）する。

⑳ ［　　］（かいすいよく）に行く。

# はってん

## まとめテスト 16

月　　日

⏱10分

/100点

**1** ——の漢字の読みがなを書きましょう。　１つ6〔24点〕

(1) 無事（　　　　　）にすごす。

(2) 夜空に満月（　　　　　）が光る。

(3) 便利（　　　　　）な道具。

(4) 無理（　　　　　）なことを言う。

**2** □に当てはまる漢字を書きましょう。　１つ7〔28点〕

(1) 宿を 〔 よ やく 〕 する。

(2) 〔 じゅうよう 〕 な書るい。

(3) 三人兄弟の 〔 すえ 〕 っ子。

(4) 〔 りくじょう 〕 競ぎの選手。

**3** 形に気をつけて、□に当てはまる漢字を書きましょう。　１つ6〔24点〕

(1) ① 〔 〕 名を書く。

　　② 〔 みん 〕 話を読む。

(2) ① 〔 み 〕 知の世界。

　　② 物語の結 ② 〔 まつ 〕。

**4** 次の送りがなが付く漢字を□□から選び、□に書きましょう。

１つ6〔24点〕

(1) 〔　　　〕う

(2) 〔　　　〕びる

(3) 〔　　　〕む

(4) 〔　　　〕ちる

┌─────────────┐
│ 浴　勇      │
│             │
│ 満　養      │
└─────────────┘

65—漢字4年

答えは**83**ページ

| 漢字 | 読み方 | 画数・部首・筆順・言葉 | 練習 |
|---|---|---|---|
| 録 | ロク | 16画 金　録 録 録 録 録 録<br>記録・録画 | 録 |
| 労 | ロウ | 7画 力　労 労 労 労 労<br>苦労・労力 | 労 |
| 老 | ロウ おいる おい ふ（ける） | 6画 耂　老 老 老 老 老<br>老人・年老いる | 老 |
| 連 | レン つらなる つらねる つれる | 10画 辶　連 連 連 連<br>連休・山が連なる | 連 |
| 例 | レイ たとえる | 8画 イ　例 例 例 例 例<br>例外・例えば | 例 |
| 冷 | レイ つめたい ひえる ひや ひやす ひやかす さめる さます | 7画 冫　冷 冷 冷 冷 冷<br>冷たい・冷静・冷える・冷ます風 | 冷 |
| 令 | レイ | 5画 人　令 令 令 令 令<br>号令・命令 | 令 |
| 類 | ルイ たぐい | 18画 頁　類 類 類 類 類<br>種類・書類・魚の類い | 類 |
| 輪 | リン わ | 15画 車　輪 輪 輪 輪 輪<br>車輪・指輪 | 輪 |
| 量 | リョウ はかる | 12画 里　量 量 量 量 量<br>水量・体重を量る | 量 |
| 料 | リョウ | 10画 斗　料 料 料 料 料<br>入場料・料理 | 料 |
| 良 | リョウ よい | 7画 艮　良 良 良 良 良<br>改良・仲が良い | 良 |

まちがえやすい漢字…

# 読んでみましょう

① 良い品物を選ぶ。（　　　）

② ロボットの改良。（　　　）

③ 荷物の重さを量る。（　　　）

④ おいしい料理。（　　　）

⑤ 輪投げをして遊ぶ。（　　　）

⑥ 食事の分量。（　　　）

⑦ 冷たい風がふく。（　　　）

⑧ 図書を分類する。（　　　）

⑨ 山の夜は冷える。（　　　）

⑩ 算数の例題。（　　　）

⑪ 高い山が連なる。（　　　）

⑫ 新記録が出る。（　　　）

⑬ 例えばの話。（　　　）

⑭ 命令にしたがう。（　　　）

⑮ 連日雪がふる。（　　　）

⑯ 老人に話を聞く。（　　　）

⑰ かい犬が老いる。（　　　）

⑱ 苦労を重ねる。（　　　）

⑲ スープが冷める。（　　　）

⑳ 一輪車に乗る。（　　　）

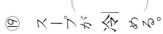

書いてみよう　きほん

月　日

10分　／100点　1つ5点

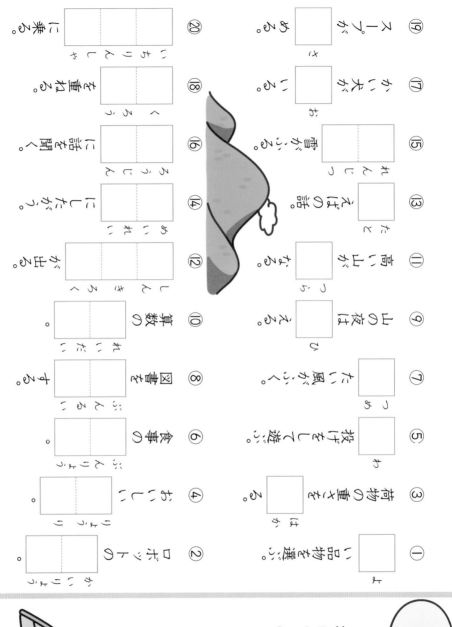

① 〔　〕と。

③ 〔　〕に品物を選ぶ。
荷物の重さを〔　〕はかる。

⑤ 〔　〕わを投げをして遊ぶ。

⑦ 〔　〕たきつけを投げる。

⑨ 山の夜は〔　〕ひえる。
つめたい風がへる。

⑪ 高い山が〔　〕そびえる。

⑬ れいはの〔　〕話になる。

⑮ 〔　〕れいはの話。

⑰ 〔　〕かい犬が大きい。

⑲ スープが〔　　〕さめる。

② ロボットの〔　　〕かこう。

④ お〔　　〕しょうりい。

⑥ 食事の〔　　〕じゅんび。

⑧ 図書を〔　　〕べんきょうする。

⑩ 算数の〔　　〕れんだい。

⑫ 〔　　　〕さきぐれが出る。

⑭ 〔　　〕めいれいにしたがう。

⑯ 〔　　〕ろうじんに話を聞く。

⑱ 〔　　〕ぐんを重ねる。

⑳ 〔　　　〕きしゃに乗る。

**1** ──の漢字の読みがなを書きましょう。　1つ6〔24点〕

(1) 鳥の　種　類　。（　　　　　）

(2) 何かに　例　えて説明する。（　　　　　）

(3) 草食動物の　類　い。（　　　　　）

(4) 仲間を　連　れる。（　　　　　）

**2** □に当てはまる漢字を書きましょう。　1つ7〔28点〕

(1) 犬に　□□（けが）をする。

(2) 友達を　□（さ）がす。

(3) □（よ）い天気。

(4) ぎょうの　□□（ふくろ）。

**3** 次の漢字の部首を選び、〇でかこみましょう。　1つ6〔24点〕

(1) 料 ｛ 米・斗 ｝

(2) 量 ｛ 日・里 ｝

(3) 例 ｛ イ・リ ｝

(4) 連 ｛ 辶・車 ｝

**4** 意味を考えて、次の読み方の漢字を□に書きましょう。　1つ6〔24点〕

(1) レイ {① □な気候。 / ② 号 □をかける。}

(2) ロウ {① □後のくらし。 / ② ひ □がたかまる。}

答えは83ページ

・〜〜〜は、漢字とひらがなで書きましょう。

① □□ の神。

② □□ を読む。

③ 飛行に □□ せる。

④ 他国の □□ 人たち。

⑤ □□ をたもつ。

⑥ 肉を □□ する。

⑦ □□ のあるたべ物。

⑧ 外国の □□ が。

⑨ 日本 □□ の国の。

⑩ □□ の話しは。

⑪ 県産の □□ な豆。

⑫ □□ 円。

⑬ □□ をとぶ。

⑭ □□ の水。

⑮ 新聞を □□ ます。

⑯ □□ 活動。

⑰ ね気を 〜〜〜 ます。

⑱ 魚を買い 〜〜〜 。

⑲ 〜〜〜 持ち帰る。

⑳ 〜〜〜 ます。

# 四年生のまとめ 2
# 書いてみよう

月　　日

10分
1つ5点
／100点

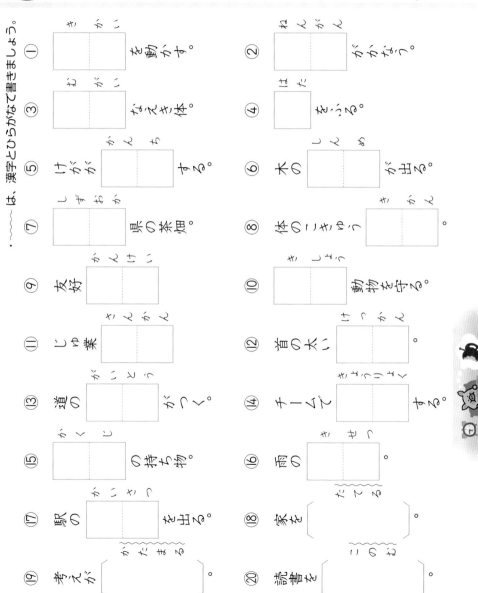

・〜〜〜は、漢字とひらがなで書きましょう。

① き か い 　　を動かす。

② ね ん が ん 　　がかなう。

③ む が い 　　なえさを体。

④ は た 　　をうる。

⑤ け が ん ち 　　する。

⑥ 木の し ん め 　　が出る。

⑦ し ず お か 　　県の茶畑。

⑧ 体のいちゆう き か ん 　　。

⑨ 友好 か ん け い 　　。

⑩ き し ょ う 　　動物を守る。

⑪ じゅ業 さ ん か ん 　　。

⑫ 音の大い け い か ん 　　。

⑬ 道の か い と う 　　がつく。

⑭ チームで きょうりょく 　　する。

⑮ か く じ 　　の持ち物。

⑯ 雨の き せ つ 　　。

⑰ 駅の か い さ つ 　　を出る。

⑱ 家を だ てる 　　。

⑲ 考えが か た まる 　　。

⑳ 読書を こ の む 　　。

答えは83ページ

はってん

四年生のまとめ
書いてのまとめ3

月　日

10分

/100点

135点

・～～は、漢字とひらがなで書きましょう。

① 総数（そうすう）を（きろく）する。

② 県の（はくぶつかん）。

③ （きちょう）な（しょくぶつ）。

④ 円の（はんけい）。

⑤ 海辺（うみべ）に住（す）む（ぎょみん）。

⑥ （そうがんきょう）。

⑦ （えひめけん）は（しこく）にある。

⑧ 市長（しちょう）（せんきょ）。

⑨ 県（けん）の（みかん）。

⑩ 子（こ）どもが（なく）。

⑪ 事（こと）を（せいこう）で使（つか）う。

⑫ （みんげい）品（ひん）を買（か）う。

⑬ （けいかく）的（てき）に行動（こうどう）する。

⑭ （りくち）を見（み）つける。

⑮ （はげます）言葉（ことば）。となる

⑯ （しゅうかん）美（び）を（あらわす）。

⑰ 火花（ひばな）を（ちらす）。

⑱ 大声（おおごえ）で（わらう）。

⑲ 平和（へいわ）を（となえる）。

⑳ えんぴつを（けずる）。

# 四年生のまとめ
## 書いてみましょう 4

10分
1つ5点
/100点
月　日

・～～は、漢字とひらがなで書きましょう。

① ［けんこう］にくらす。

② とう者の［じゅんい］。

③ ［しけん］を受ける。

④ ［にいがた］県の花火大会。

⑤ ［しが］県で育つ。

⑥ ［こうちょうえん］の予算。

⑦ ［てくちょう］に記入する。

⑧ 外国との［こうえき］。

⑨ あまい［かおり］。

⑩ 今日の［さいこう］気温。

⑪ ［なたね］油

⑫ きけんを［さける］する。

⑬ ［さくねん］の春。

⑭ ［きれい］な形。

⑮ 工作の［ざいりょう］。

⑯ ［きあん］をていしゅつする。

⑰ 目標を［たっせい］する。

⑱ ベルが［なる］。

⑲ むだを［はぶく］。

⑳ ひが［さめる］。

答えは84ページ

はってん

四年生のまとめ
書いてみよう ⑤

月　日

／100点
135点
10分

・──は、漢字とひらがなで書きましょう。

① 県の祭り（けんの まつり）

③ 図書館の本（としょかんの）

⑤ れいぞうこに考える

⑦ こうてんを楽しむ

⑨ 県の面積（けんと）

⑪ 力には げんかいが ある。

⑬ 父は げんきが ある。

⑮ 文部科学だいじん

② 住所と名前（じゅうしょと めい）

④ 県の山を かく。（が　しま　か）

⑥ 県の山を見る。（おか　しがい）

⑧ 県の海（おきなわ）

⑩ ...はしる。（し　はし）

⑫ ...を歩く。（せん　こな　はし）

⑭ にっこりした顔（ま　し）

⑯ おじいさんの はたけ（おじ　はた）

⑰ ［　　　］てらす

⑱ かんびょうに つとめる

⑲ ［　　　］き　あらわす

⑳ 風で木が おれる

# 四年生のまとめ 書いてみましょう⑨

・～～～は、漢字とひらがなで書きましょう。

① ものおき ［　｜　］ にしまう。

② なかま ［　｜　］ しのいく。

③ そうこ ［　｜　］ に入る。

④ 父の せっきょう ［　｜　］ を聞く。

⑤ ほうたい ［　｜　］ を取る。

⑥ 家の とかわ ［　｜　］ のかぐ

⑦ かくそく ［　｜　］ をする。

⑧ 三角形の めんせき ［　｜　］。

⑨ れんぞく ［　｜　］ ホームラン

⑩ てんこう ［　｜　］ が回ふくする。

⑪ 自動車を うんてん ［　｜　］ する。

⑫ 予想が てきちゅう ［　｜　］ する。

⑬ 小学校を そつぎょう ［　｜　］ する。

⑭ とほ ［　｜　］ で学校へ行く。

⑮ 木に すばこ ［　｜　］ をかける。

⑯ たんご ［　｜　］ を覚える。

⑰ 一日の ろうどう ［　｜　］ 時間。

⑱ ねむりが ［　　おり　　］。

⑲ ［　こころみし　　］ 行動。

⑳ 天気が ［　　かわる　　］。

答えは84ページ

# 四年生のまとめ 書いてみよう

/100点　135点　10分　月　日

・～～は、漢字とひらがなで書きましょう。

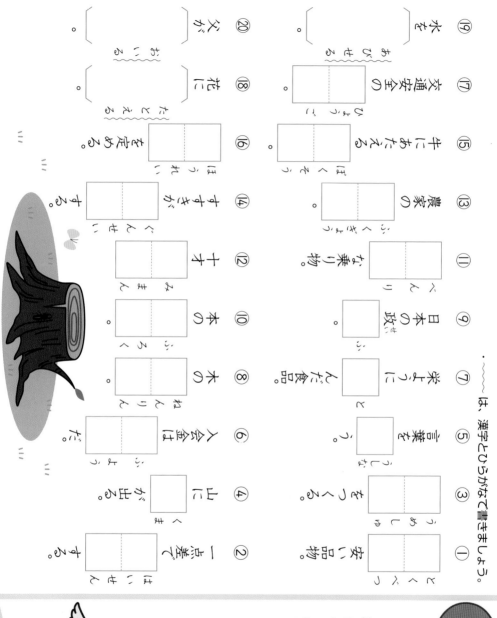

① □□物
② 一流で□□
③ □を へらす
④ 入金は□に□□ます
⑤ 言葉を□□
⑥ 入金は□□だ
⑦ 栄よう□□食品
⑧ 木の□□
⑨ 日本の政□
⑩ 木の□□ぶ
⑪ 農家の□□な実り物
⑫ 十す□□
⑬ 農家の□□ふ
⑭ □□すぎる
⑮ 牛におたべさせる
⑯ □□お定を□□れる
⑰ 交通安全の□□
⑱ 花に□□える
⑲ 水を□□せる
⑳ 父が□□におに□る

# 都道府県の漢字
# 書いてみましょう ①

月　日

10分

14問中　問

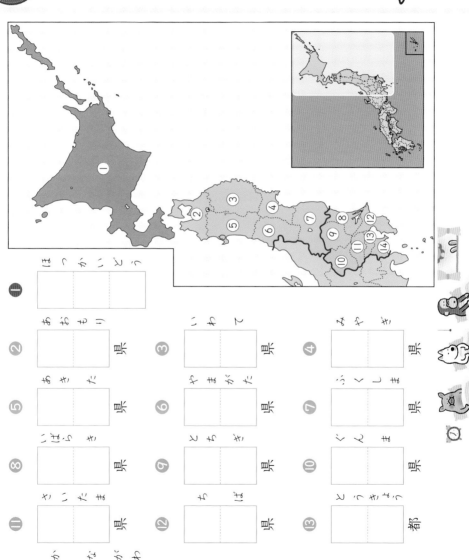

① ほっかいどう

```

```

② あおもり
　　　　　　県

③ いわて
　　　　　　県

④ みやぎ
　　　　　　県

⑤ あきた
　　　　　　県

⑥ かまがた
　　　　　　県

⑦ ふくしま
　　　　　　県

⑧ いばらき
　　　　　　県

⑨ とちぎ
　　　　　　県

⑩ ぐんま
　　　　　　県

⑪ さいたま
　　　　　　県

⑫ ちば
　　　　　　県

⑬ とうきょう
　　　　　　都

⑭ かながわ
　　　　　　県

答えは84ページ

はってん

# 都道府県の書いてみる漢字 2

月　　日

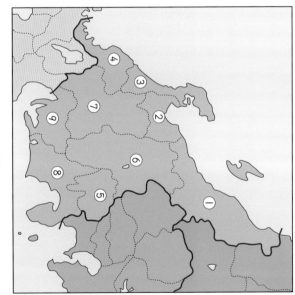

⑨ あ い ち 県

⑦ ぎ ふ 県

⑤ や ま な し 県

③ い し か わ 県

① に い が た 県

⑧ し ず お か 県

⑥ な が の 県

④ ふ く い 県

② と や ま 県

ポイント。

都道府県名は、「宮城」の「城（ぎ）」、「神奈川」の「神（か）」など、特別な（とくべつな）読み方をするものがあります。

なお、漢字「神」は他にも「じん・ん」などいくつかの読み方がありますが、都道府県名は「かみ」「がみ」「かん」「こう」などと読む場合もあるので、他県の読み方も調べてみましょう。

9問中

10分

はってん

# 都道府県の漢字
# 書いてみましょう 3

月　日

10分

12問中　問

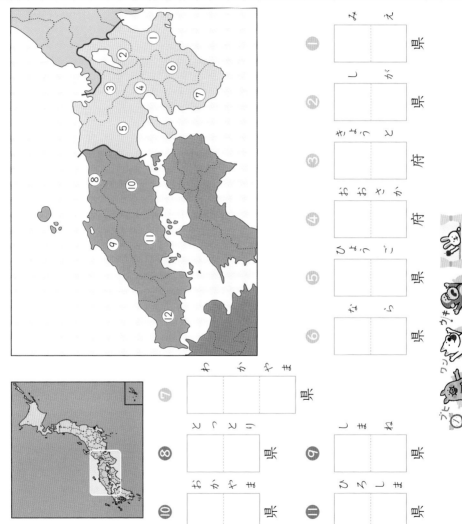

① み　え
　　　　　　県

② し　が
　　　　　　県

③ きょうと
　　　　　　府

④ おおさか
　　　　　　府

⑤ ひょうご
　　　　　　県

⑥ な　ら
　　　　　　県

⑦ わ　か　やま
　　　　　　　　県

⑧ とっとり
　　　　　　県

⑨ し　まね
　　　　　　県

⑩ お　かやま
　　　　　　県

⑪ ひろしま
　　　　　　県

⑫ やまぐち
　　　　　　県

79—漢字4年

答えは84ページ

# 都道府県のまとめ漢字 4 書いてみよう

月 日

10分
12問中

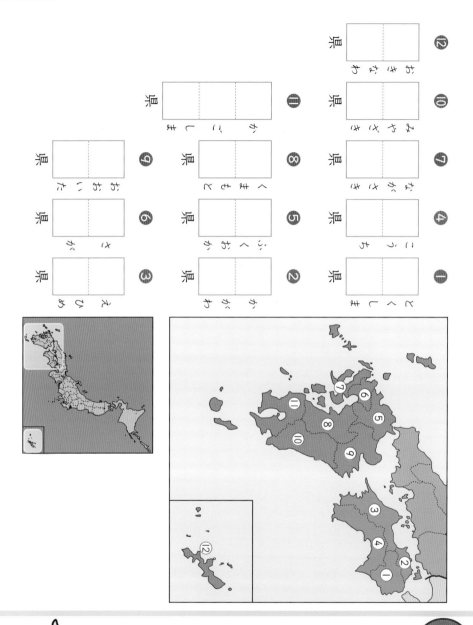

⑫ おきなわ 県

⑩ みやざき 県

⑪ かごしま 県

⑦ ながさき 県

⑨ おおいた 県

⑧ くまもと 県

④ こうち 県

⑥ さが 県

⑤ ふくおか 県

③ えひめ 県

② かがわ 県

① とくしま 県

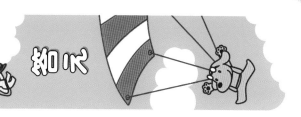

## こたえ

◇〈読んでみましょう〉の答えは〈書いてみましょう〉に、
〈書いてみましょう〉の答えは〈読んでみましょう〉にあります。

### やってみましょう 1　5ページ

1 (1)きか (2)しお (3)こん
(4)えびめ

2 (1)地位 (2)以内 (3)答案 (4)位

3 (1)衣・印 (2)茨・岡
(3)茨(茨)・栄 (4)愛・塩

### やってみましょう 2　9ページ

1 (1)くわ (2)きんが (3)かこうひん
(4)かくち

2 (1)果 (2)芽 (3)改 (4)億万

3 (1)①果 ②課 (2)①改 ②械
(3)①賀 ②芽 (4)①害 ②街 ②開

### やってみましょう 3　13ページ

1 (1)かん (2)かんぞう (3)がん
(4)きしゅ

2 (1)観客 (2)覚 (3)岐 (4)希少

3 (1)①官 ②営 (2)①関 ②開
(3)①季 ②委 (4)①湯 ②潟

### やってみましょう 4　17ページ

1 (1)きしゅ (2)お (3)な
(4)ぎょこう

2 (1)漁業 (2)手鏡 (3)漁 (4)共

3 (1)①機 ②器 (2)①求 ②給
(3)①共 ②協 (3)鏡 (4)競

### やってみましょう 5　21ページ

1 (1)けん (2)えけい
(3)たいぐん (4)ほうきょく

2 (1)欠 (2)建 (3)熊 (4)結

3 (1)①軍 ②郡 (2)①径 ②景
(3)①欠 ②結 (4)①研 ②建

### やってみましょう 6　25ページ

1 (1)す (2)けん (3)ここ
(4)な

2 (1)功 (2)最 (3)実験 (4)佐賀

3 (1)差・候 (2)康・菜

4 (1)好 (2)香 (3)差 (4)固

## やってみよう 10 ページ41

3
(1) 浅
(2) 積・席
(3) 折・作戦
(4) 折

2
(1) しょうせつ
(2) じょう
(3) しず
(4) わら

4
(1) 松
(2) 城
(3) 初・笑
(4) 初

1
(1) しん
(2) て
(3) しょう
(4) なわ

3
(1) 昭
(2) 信・照
(3) 照
(4) 唱
縄

## やってみよう 9 ページ37

4
(1) 司
(2) 種・借・祝
(3) しゅ
(4) か

3
(1) 治
(2) 借・鹿
(3) 辞
(4) 試・滋賀

2
(1) ち
(2) じ
(3) しか
(4) しが

1
(1) こころ
(2) えん
(3) れい

## やってみよう 8 ページ33

3
(1) 崎
(2) 埼
(3) 札
(4) 残
列・刷・祭

2
(1) 参
(2) 礼
(3) さつ
(4) 木材

1
(1) さんか
(2) れつ
(3) さい

## やってみよう 7 ページ29

4
(1) 清
(2) 精
(3) 説
(4) 成
静

## やってみよう 13 ページ53

4
(1) 灯
(2) 特・栃
(3) 防
(4) 徳

3
(1) 太
(2) 松・竹・梅
(3) 高熱
(4) 文・徳島

2
(1) はつ
(2) とく
(3) なし

1
(1) と
(2) とち
(3) へ

## やってみよう 12 ページ49

4
(1) 仲
(2) 伝
(3) 低
(4) 借

3
(1) 的
(2) 競・空
(3) 伝説
(4) 徒・典・夫

2
(1) 低・空
(2) 達
(3) 伝説

1
(1) はせん
(2) おき
(3) たっ

## やってみよう 11 ページ45

3
(1) 争
(2) 束
(3) 孫
(4) 束・係

2
(1) 米倉
(2) 選手
(3) 内側
(4) 卒・園・式

1
(1) そ
(2) おび
(3) へ

## やってみよう 14

57ページ

1 (1)ひっし (2)ぶん (3)のうふ (4)ぎょう
2 (1)朝飯 (2)飛 (3)大阪府 (4)付
3 (1)①飯 ②飲 (2)①票 ②標
4 (1)①博 ②協 (2)①仕 ②付

## やってみよう 15

61ページ

1 (1)みずべ (2)か (3)のぞ (4)ふくがこちょう
2 (1)包 (2)便 (3)富 (4)区別
3 (1)し (2)べ (3)月 (4)へ
4 列・牧・法・便

## やってみよう 16

65ページ

1 (1)ふじ (2)まんげつ (3)べんり (4)むり
2 (1)予約 (2)重要 (3)末 (4)陸上
3 (1)①氏 ②民 (2)①未 ②末
4 (1)養 (2)浴 (3)勇 (4)満

## やってみよう 17

69ページ

1 (1)しゅるい (2)ただ (3)たぐ (4)つ
2 (1)首輪 (2)冷 (3)良 (4)付録
3 (1)オ (2)里 (3)イ (4)エ

4 (1)①冷 ②令 (2)①老 ②労

## 四年生のまとめ 1

70ページ

①博愛 ②英文 ③成功 ④兵隊
⑤衣類 ⑥加熱 ⑦栄養 ⑧通貨
⑨以外 ⑩結末 ⑪茨(芡)城
⑫五億 ⑬塩分 ⑭井戸 ⑮印刷
⑯課外 ⑰覚ます ⑱求める
⑲必ず ⑳果てる

## 四年生のまとめ 2

71ページ

①機械 ②念願 ③無言 ④旗
⑤完治 ⑥新芽 ⑦静岡 ⑧器官
⑨関係 ⑩希少 ⑪参観 ⑫血管
⑬街灯 ⑭協力 ⑮各自 ⑯季節
⑰改札 ⑱建てる ⑲固まる ⑳好む

## 四年生のまとめ 3

72ページ

①競争 ②郡部 ③給料 ④半径
⑤漁夫 ⑥鏡 ⑦軍配 ⑧選挙
⑨愛媛 ⑩泣 ⑪共同 ⑫民芸
⑬積極 ⑭陸地 ⑮教訓 ⑯欠席
⑰散らす ⑱笑う ⑲唱える
⑳借りる

## 四年のまとめ 7（76ページ）

①特別 ②敗戦 ③梅酒 ④熊
⑤物置 ⑥仲良 ⑦倉庫 ⑧約束
⑨包帯 ⑩連続 ⑪重要産 ⑫底辺
⑬卒業 ⑭天候 ⑮徒歩 ⑯巣箱
⑰労働 ⑱浅い ⑲勇まし ⑳変わる

## 四年のまとめ 6（75ページ）

①岐阜 ②氏名 ③司書 ④鹿児島
⑤冷静 ⑥大阪 ⑦祝日 ⑧沖縄
⑨栃木（栃） ⑩大阪 ⑪自信 ⑫松林
⑬照らす ⑭平然 ⑮大臣 ⑯初孫
⑰人徳（栃） ⑱努める ⑲飛ばす ⑳折れる

## 四年のまとめ 5（74ページ）

①新潟 ②順位 ③試験 ④健康
⑤滋賀 ⑥兆円 ⑦伝票 ⑧時差
⑨察知 ⑩香 ⑪未満 ⑫時差
⑬香 ⑭米種 ⑮最低 ⑯材料
⑰達成 ⑱昨年 ⑲省く ⑳清ます

## 四年のまとめ 4（73ページ）

①北海道 ②青森 ③岩手 ④宮城
⑤秋田 ⑥山形 ⑦福島 ⑧茨城
⑨栃木（栃） ⑩群馬 ⑪埼玉 ⑫千葉
⑬東京 ⑭神奈川
⑮牧草 ⑯便利 ⑰老いる ⑱例える
⑲浴びる ⑳標語
⑥不要 ⑦全輪 ⑧富 ⑨府
⑩付録 ⑪未満 ⑫富 ⑬副業 ⑭付録 ⑮群生 ⑯法令 ⑰老いる

## 都道府県の漢字 1（77ページ）

①北海道 ②青森 ③岩手 ④宮城
⑤秋田 ⑥山形 ⑦福島 ⑧茨城
⑨栃木（栃） ⑩群馬 ⑪埼玉 ⑫千葉
⑬東京 ⑭神奈川

## 都道府県の漢字 2（78ページ）

①新潟 ②富山 ③石川 ④福井
⑤山梨 ⑥長野 ⑦岐阜 ⑧静岡
⑨愛知

## 都道府県の漢字 3（79ページ）

①三重 ②滋賀 ③京都 ④大阪
⑤兵庫 ⑥奈良 ⑦和歌山 ⑧鳥取
⑨島根 ⑩岡山 ⑪広島 ⑫山口

## 都道府県の漢字 4（80ページ）

①徳島 ②香川 ③愛媛 ④高知
⑤福岡 ⑥佐賀 ⑦長崎 ⑧熊本
⑨大分 ⑩宮崎 ⑪鹿児島 ⑫沖縄

3 2 1 0 9 8 7 6 5 4 ＊ D C B A